長澤成次 著

公民館はだれのもの II

住民の生涯にわたる学習権保障を求めて

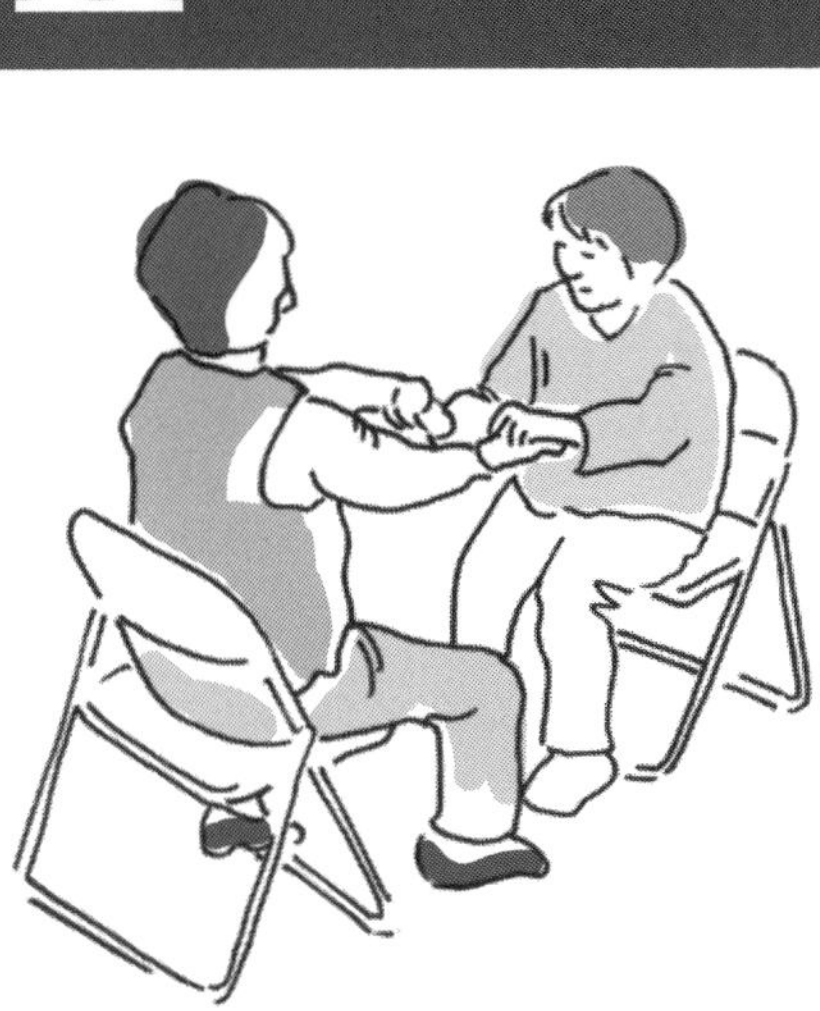

自治体研究社

はじめに

「……戦後民主的な国家として蘇生したわが国は、新しい憲法を制定したのに引きつづいて、教育の基礎を確立するために教育基本法をはじめとする一連の教育関係法律を制定することによって、民主的で文化的な、そして世界の平和と人類の福祉に貢献するための具体的な目標と道すじを明らかにしたのである。社会教育法もその主要な一翼を担うものとして呱々の声をあげたのであって、爾来今日まで幾多の荒天波浪にもまれながらも、よく航路を導く灯としての役割りをはたして来たということができる。……今日では、教育権思想の昂まりや地方自治思想の定着などに支えられて、法文の解釈が単に国家だけにあるものではなく、憲法・教育基本法の筋道に照らし、あるいは教育科学の研究成果にもとずき、地方自治体はもちろん国民の側からもすすんで創造的に解釈し、実践を深めていくという、第三の段階を迎えるまで発展して来ているといえよう。……一般に人は進路に迷い躓いたとき、あるいは前方に光を発する灯に導かれ、あるいは出発の原点・起点に立ち戻ってその道を求める。このことは社会教育の場にあっても同断であって、立法の原点に立ち戻ることによってあらたな一歩を進める必要は、これまでもあったし、またこれからも到来するであろう。……」（横山宏・小林文人編著『社会教育法成立過程資料集成』昭和出版、一九八一年、「はじめに」より。傍点筆者）。

社会教育法（一九四九年）制定後のほぼ三〇年後に横山宏はこのように述べて、「荒天波浪」のなかにおいても航路を導く灯としての役割を果たしてきた社会教育法の立法の原点に立ち戻る必要性を述べていた。制定後から七〇年を迎え、なおも続く「荒天波浪」のもと、今年（二〇一九年）の五月三一日には第九次地方分権一括法が成立し（六月七日公布、同日一部施行）、公民館・図書館・博物館など公立社会教育施設を首長部局に移管することが可能となった。それも「義務付け／枠付けの見直し等」（二〇一八年一二月二五日閣議決定）の名のもとにである。同閣議決定は「一括法」という法形式で国会に上程することを決め、たとえば衆議院では文部科学委員会の所管事項である「文部科学省の所管に属する事項」「教育委員会の所管に属する事項」（衆議院規則、傍点筆者）を無視して地方創生特別委員会で一括審議を行った。これは文字通り立法府としての国会の自己否定である。

文部科学省は、第九次地方分権一括法の施行に伴い、文部科学省総合教育政策局長通知「地域の自主性及び自立性を高めるための改革の推進を図るための関係法律の整備に関する法律による社会教育関係法律等の改正について」（二〇一九年六月七日）を発出している。そこでは「今回の改正は、教育委員会が所管する公立の図書館、博物館、公民館その他の社会教育に関する教育機関（以下「公立社会教育機関」という）について、まちづくり、観光など他の行政分野との一体的な取組の推進等のために地方公共団体がより効果的と判断する場合には、社会教育の適切な実施の確保に関する一定の担保措置を講じた上で、条例により、地方公共団体の長が所管することを可能とするものです」とされているが、そもそも「まちづくり、観光など他の行政分野との一体的な取組の推進等のために」という目的が、憲法・教育基本法・社会教育法・図書館法・博物館法・地方教育行政法に照らして法論理的に成立するのか、という点を指摘しなければならない。

二〇一九年四月一七日の衆議院文部科学委員会において柴山昌彦国務大臣は「今御紹介をいただきました昭和二十三年の旧教育委員会法の提案理由説明においては、地方教育行政改革の根本方針として、一、教育行政の地方分権、二、住民の意思の公正な反映、三、教育委員会の首長からの独立性が挙げられており、このことは現行の地教行法のもとにおいても基本的には変わらないと考えております」（傍点筆者）と答弁している。そうであるならば「教育委員会の首長からの独立性」と今回の法改正は明らかに矛盾する。さらに同日の委員会では「首長と教育委員会の意見が対立した場合に教育委員会が首長の意向を変更させたり、抑制させたりできるのか」という畑野君枝委員の質問に対して「教育委員会が首長に提出する意見に法的な拘束力はない」と柴山大臣は答弁している。首長所管を可能にする「一定の担保措置」について、中教審答申（二〇一八年一二月二一日）が挙げていた地方公共団体の長や教育委員会に意見を述べる「会議の設置」は法制化されず、さらに「法的拘束力はない」となれば、首長が議会の同意を得て教育長を任命している現行システムのもとでは「一定の担保措置」の実効性は極めて低いと言わねばならない。

さらに衝撃的な発言が二〇一九年五月三〇日参議院内閣委員会・田村智子議員による質問から明らかになった。三重県名張市の複数の担当者が「私の方から要望を出したのではない。国が名張市の先行事例を知っていて成功事例としてのヒアリングが欲しかったのではないか」「国からの要請を受けて提案した。借りをつくった。何かの時に返してもらうこともあるだろう」と発言したというのである。

法改正を準備した二〇一八年一二月二五日の閣議決定「平成三〇年の地方からの提案等に関する対応方針」における公立社会教育施設の所管にかかる規制緩和の要望は、三重県名張市から提出されたものである。ちなみに二〇一四年に始められた「提案募集方式」における社会教育施設分野での提案は、二〇一四年に群馬県（博物館・図書館）・九州地区知事会（図書館・博物館）、二〇一七年に北海道（博物館）からであったが、公民館の所管に関する規制緩和については出されていない。名張市が提案する前の二〇一八年二月に公立社会教育施設の所管に係るWG（ワーキング・グループ）を設置した中教審生涯学習分科会や、三月に公立社会教育施設の所管を含む社会教育振興策を中教審に諮問した文部科学省や「地方分権改革」をすすめる内閣府にとって公民館も含む公立社会教育施設全体の規制緩和を求める地方からの提案が欲しかったことは想像に難くない。上述の名張市担当者の発言の背景には国と市長の意向を考慮した自治体職員の意識が反映しているようにも思われる。名張市自体は提案する二年前の二〇一六年にすでに公民館を市民センターに再編して首長部局に移管していることや、一七四一自治体（二〇一八年一二月三一日現在）のうち、たった一つの自治体の提案によって戦後積み上げられてきた社会教育法体制が大きく改変されたことに大きな疑問を感じざるを得ない。なお、筆者の問い合わせに対して名張市の担当者は、提案について名張市議会に「議案の提出や議会への報告」は行っていないと回答している。「提案募集方式」の制度設計は、「首長の了解」（「平成三〇

年　地方分権改革に関する提案募集要項」（内閣府地方分権改革推進室）が要件なのであって、そもそも地方自治体の二元代表制の否定のうえに成り立っているといっても過言ではないのである。

今回の法改正の最大の問題点は、首長部局への移管を可能にするために「特定」という法概念を社会教育法制に導入した点であるが（本書第4章を参照）、今回の法改正にあたっては衆議院地方創生特別委員会（二〇一九年四月二五日）、参議院内閣委員会（二〇一九年五月三〇日）において附帯決議が採択されている。特に参議院の付帯決議では、五の項目に「特に、図書館、博物館等の公立社会教育施設が国民の知る権利、思想・表現の自由に資する施設であることに鑑み、格段の配慮をすること」が付け加えられた。換言すれば、「特定社会教育施設」が国民の知る権利、思想・表現の自由を阻害する危険性があるということを示したものにほかならない。

では、なぜこのような法改正を政府は行うのであろうか。現代の地域・自治体が直面している課題はあまりにも多いが、そのひとつの回答は、現在、国がすすめている「人口減少社会」に対応する国家的戦略とも言うべき「自治体戦略二〇四〇構想」にあると筆者は考えている。総務省内に設置された「自治体戦略二〇四〇構想研究会」は、二〇一八年四月二六日に第一次報告、七月三日に第二次報告を提出した。そこでは、団塊ジュニア世代が定年を迎え、高齢者人口（六五歳以上）がピークを迎える二〇四〇年頃にターゲットをあてて、バックキャスティング方式で課題を整理するという方法をとっている。いわく「人口増加モデルの総決算を行い、人口減少時代にあった新しい社会経済モデルを検討する必要がある」「二〇四〇年頃に迫り来る我が国の内政上の危機」「乗り越えるために必要となる新たな施策（アプリケーション）の開発をその施策の機能を最大限発揮できるようにするための自治体行政（ＯＳ）の書き換えを構想する」「スマート自治体」「個別市町村のフルセット主義からの脱却＝圏域マネジメントと都道府県・市町村の二層制の柔軟化」「公共私のベストミックスで社会課題を解決」「ＡＩ、ＩＣＴの活用等で自治体職員を半分に」などという言葉が躍っている。第二次報告の二日後の七月五日には、安倍晋三首相は、第三二次地方制度調査会に「人口減少が深刻化し高齢者人口がピークを迎える諸課題に対応する観点から、圏域における地方公共団体の協力関係、公・共・私のベストミックスその他の必要な地方行政体制のあり方について、調査審議を求める」と諮問している。その第三二次地制調の第一九回専門小委員会では「二〇四〇年頃から逆算し顕在化する地方行政の諸課題とその対応方策についての中間報告（素案）」（二〇一九年六月二四日）が明らかにされている。そこでは、自治体からの反発を予想してか「圏域」構想については触れていないが、同会議に提出された「地方六団体からの意見聴取の概要」（第一七回専門小委員会）では、全国町村会の荒木泰臣会長（熊本県嘉島町長）は、「圏域マネジメントと圏域行政のスタンダード化、二層制の柔軟化等は、中心市の周縁部町村、小規模町村等の団体・住民自治に基づく自己決定権が制限されるおそれがある。連携中枢都市圏構想や平成の大合併と通底する課題であり、国から一方的に法律に基づく制度づくりが行われることは、決して容認できない」「『行政のフルセット主義からの脱却』、『圏域単位の行政をスタンダード化』、『個々の制度に圏域をビルトイン』、『圏域単位での行政を進めることを真正面から認める法律上の枠組み』等は、中心市の周縁部町村の衰退、消滅を招く危険性があり、絶対に容認できない。一部事務組合、広域連合、事務委託や定住自立圏、連携中枢都市圏、連携協約等の現行の広域行政や共同化・連携の仕組みの検証が必要」と指摘している。今回の「二〇四〇」構想も国が基本的なデザインを上から描き、例えば「行政のフルセット主義からの脱却」などは教育委員会制度の選択的設置や廃止などに連動しかねない考えかたであるといえよう。その意味で公立社会教育施設の所管問題も「自治体戦略二〇四〇構想」の文脈に位置づいているといえるのである。

憲法・教育基本法の精神に則って社会教育法が制定され、公民館が同法に定められてから七〇年。基本的人権としての教育権・学習権を地域で保障する公民館のあり方を、社会教育法の原点にかえってもう一度再創造していく時期を迎えているのではないか。収録された巻末資料編に憲法（抄）・教育基本法（一九四七年）・立法時社会教育法（一九四九年、全文）を入れたのは、戦後公民館が社会教育法上にどのように位置づけられていたのかを検証するためにあらためて掲載したものである。

さて、本書は、Ⅰ部　文部科学省組織再編と第九次地方分権一括法、Ⅱ部　公民館をめぐる歴史・政策動向と自治体社会教育行政、Ⅲ部　人権としての学習権思想の歩みと社会教育法制をめぐる課題、の三部・一一章から構成されている。筆者が公民館・社会教育をめぐるときどきの課題に向き合って書いてきた論稿に加筆・訂正等を加え、新たに再構成したものである。本書は三年前に刊行した『公民館はだれのもの―住民の学びを通して自治を築く公共空間―』（二〇一六年、自治体研究社）の続編であり、拙編著『公民館で学ぶ　シリーズⅠ～Ⅴ』（国土社）も合わせてお読みいただければ幸いである。

最後に、出版事情厳しき折に、前著に引き続き刊行をお引き受けいただいた自治体研究社と寺山浩司氏に対して心より感謝を申し上げる次第である。

二〇一九年七月二五日

長澤成次

公民館はだれのもの　Ⅱ

――住民の生涯にわたる学習権保障を求めて

◉目次

目次

I

文部科学省組織再編と第九次地方分権一括法

第1章　文部科学省生涯学習政策局・社会教育課「廃止」を問う

「……されど社会が漸次進歩して人間の生活が、複雑となり、従つて其の社会的意義の今日の様に明瞭に且深厚になつて来た時代では、最早家庭教育や学校教育だけでは満足しきれなくなる。……故に現在の法令に社会教育という名称がなくて、単に通俗教育といふ名称を用いて居るのは最早時代に適合しないことが分かる。又社会教育では、一般社会の知識や道徳を進むる外に、文芸美術等に対する趣味を向上し又国民の体質の改造や体力の増進に努め、且公衆衛生を発達せしめて以て社会の健康を増進したり、又は職業上の指導や生活方法の改善に依って、国民の活動能率を増進すること等の如きは、その主要なる任務である。加之社会や家庭の欠陥から生じてきた不幸なものに対して、特に教育的救済或は矯正の手段を講ずることも、亦社会教育の施設の中の重用なる部分を形造るものといはねばならぬ」（乗杉嘉壽『社会教育の研究』一九二三年、同文館より）。

はじめに

これは戦前文部省普通学務局第四課の課長（事実上の初代文部省社会教育課長）であった乗杉がまとめた六四四頁にわたる大著からの引用である。乗杉は課内に「社会教育研究会」を組織し機関誌『社会と教化』を発行するなど社会教育の普及に努めたが、今から九六年前とは思えないような社会教育の現代的課題について言及している。

乗杉は同書の「序」において「学校教育のみが教育の全部ではない。我が国に於ては教育の概念をその極限にまで拡充する運動が起らなくてはならぬと斯う考えて居つた余は、偶々命を受けて欧米に遊び、前後二年の間、つぶさに各国教育の趨向を見るに及んで、いよいよこの信念を確むることが出来」（傍点筆者）と述べている。この「教育の概念をその極限にまで拡充する概念」とは捉え方によっては、生涯教育・生涯学習の概念であるということもできるかもしれない。しかし、戦前日本の戦時体制下において社会教育行政が解体させられ消滅していったことを思い起すとき、社会教育概念は「極限にまで拡充」されてかえって消滅したということもできる。

文部科学省は二〇一七年八月に提出した文部科学省次年度概算要求事項のなかの「組織改正要求」において、文化庁および生涯学習政策局・初等中等教育局・高等教育局の再編を盛り込み、そこでは、①　生涯学習政策局を廃止して、総合教育政策局へと再編する。②　生涯学習政策局の社会教育課・

青少年教育課を廃止・統合して、総合教育政策局地域学習推進課へと再編する。③生涯学習政策局男女共同参画学習課を廃止、初等中等教育局の国際教育課、健康教育・食育課と統合して、総合教育政策局共生社会学習推進課へと再編する、という案が示されていた。とりわけ文科省社会教育課が廃止されるという戦後社会教育行政史における歴史的転換点にあたって[1]、あらためて戦前文部省の社会教育行政の崩壊過程を振り返りつつ、戦後日本において確認された憲法・教育基本法・社会教育法に基づく人権としての社会教育という視点から、社会教育行政の現状と課題を提示してみたい。

1　戦前文部省における社会教育局の解体・崩壊過程[2]

冒頭に乗杉の「社会教育振興の必要」の部分を引用したが、戦前社会教育行政が整備されていく過程においては、第一次大戦後の教育改革をめざした臨時教育会議の通俗教育に関する答申（一九一八年一二月）の果たした役割が大きい[3]。通俗教育の専任事務官の設置（一九一九年）、普通学務局に通俗教育関係事項を専管する第四課の新設、「通俗教育」から「社会教育」への官制上の用語の改変（一九二一年）、そして社会教育局（一九二九年）へと整備されていくが、戦時体制下のもとで社会教育局は教化局に吸収されて崩壊する（一九四二年）。以下、その概略を追ってみよう。

戦前文部省の機構については、局・部については「文部省官制」（勅令）、局・部の分課と管掌事項については「文部省分課規程」（文部省訓令）によって定められた。一九一九年六月一一日の「文部省分課規程」中改正は、普通学務局第四課の管掌事項を「1、通俗教育（一九二一年に社会教育と改称）2、図書館・博物館　3、盲啞教育及特殊教育　4、青年団体　5、教育会」としたが、前述したようにこの第四課（課長：乗杉嘉壽）が日本における実質的な社会教育課であった。さらに一九二四年一二月二二日の「文部省分課規程」中改正によって普通学務局社会教育課（管掌事項　1、図書館・博物館　2、青少年団体　3、成人教育　4、特殊教育　5、民衆娯楽改善　6、通俗図書認定　7、その他の社会教育関係）が生まれ、一九二九年七月一日の勅令第二一七号によって、普通学務局・専門学務局・実業学務局と並んで社会教育局（管掌事項　1、青少年団体　2、青年訓練所　3、実業補習学校　4、図書館　5、博物館その他観覧施設　6、成人教育　7、社会教化団体　8、図書の認定・推薦　9、その他の社会教育関係）が創設された。

しかし、社会教育局が誕生した翌月（一九二九年八月）から文部省は「一、国体観念を明徴にし、国民精神を作興すること、二、経済生活の改善を図り国力を培養すること」を「標榜」して教化総動員運動を展開する。たとえば八月二六日・二七日には「社会教化の第一線に立って活動する社会教育主事の会議」を開催し、同会議は地方教化総動員実施案をまとめている。また、文部省は「教化総動員に関する文部省の施設」(4)として「教化団体代表者会議、講演会及講師の派遣並斡旋、リーフレットの頒布、ポスターと映画」などを掲げ、ポスターの標語は「仰げ國體護れ皇国」（東郷平八郎書）、「民心興れば國難去る」（渋澤榮一書）であった。(5)

一九三〇年一二月には文部省は「家庭教育振興に関する件」（文部省訓令第十八号）を発し、そこでは「家庭教育ハ固ヨリ父母共ニ其ノ責ニ任ズベキモノナリト雖特ニ責任重且大ナルモノアリ従ッテ斯教育ノ振興ハ先ヅ婦人団体ノ奮励ヲ促シ之ヲ通シテ一般婦人ノ自覚を喚起スルヲ主眼トス」（傍点筆者）とされた(6)。日中戦争勃発後の一九三七年八月には「国民精神総動員実施要綱」が閣議決定され、この運動の主務局は社会教育局におかれた。国民精神総動員行政、思想局（一九三四年）・教学局（一九三七年）による思想対策行政、映画を中心とする戦時文化統制行政、軍事教練の場でもあった青年学校の義務化（一九三九年）、大政翼賛会結成（一九四〇年一〇月）、大日本青少年団（一九四一年）・青年学校・国民学校を所管した国民教育局青少年教育課の新設（一九四二年）、大日本婦人会の創立（一九四二年二月）、「戦時家庭教育指導要項」（一九四二年五月）などを背景に、社会教育局の構成は青年教育課・成人教育課・映画課（一九三九年）から青年教育課・指導課・文化施設課（一九四二年）へと再編され、一九四二年一一月一日には行政簡素化による文部省官制によって、宗教局と社会教育局を統合して教化局が新設され、ここに社会教育局は消滅した。

2　戦後社会教育局復活とその後の経過

一九四五年八月一四日に日本政府はポツダム宣言（一九四五年七月二六日）受諾を決定し、八月一五日には天皇による「終戦の詔勅」が放送される。文部大臣太田耕造は早くも八月一五日に訓令を出しそこには「国體護持ノ一念ニ徹シ」という文言が書かれていた。占領下での戦後処理、戦後教育改革のなかで一九四五年一〇月一五日勅令第五七〇号文部省官制中改正によって教学局が廃止され、社会教育局（初代局長・関口泰氏）が復活する。社会教育局には、社会教育課、文化課、調査課及宗務課がおかれ、担当した事務は「一　国民道義ノ昂揚及国民教養ノ啓培ニ関スル事項、二　芸術ニ関スル事項、三　図書館及博物館（科学教育局所管ノモノヲ除ク）竝ニ各種観覧施設に関スル事項、四　宗教ニ関スル事項、五　出版文化ニ関スル事項、六　映画、演劇ソノ他ノ国民娯楽ニ関スル事項、七　国宝及重要美術品等竝ニ史蹟名勝天然記念物ノ保存ニ関スル事項、八　公民教育、勤労者教育、婦人教育等成人教育其ノ他社会教育ニ関スル事項、九　国史編集院、帝国芸術院及美術研究所ニ関スル事項」であった。

一九四五年一一月に社会教育局に公民教育課（課長・寺中作雄）、同年一二月に芸術課が加わったが、一九四六年三月には公民教育課が廃止され公民教育に関する事務は社会教育課（課長・寺中作雄）に戻っている。前述したように社会教育局が担当した事務に「國民道義ノ昂揚及國民教養ノ啓培ニ関スル事項」とあるように、当時の文部省は「國體護持」とともに「國民道義ノ昂揚」を掲げるなど、戦前との継承を強く企図しながらの出発であったことがわかる。

一九四六年七月五日には文部次官通牒「公民館の設置運営について」が各地方長官宛に発出され、同年一一月三日には日本国憲法公布、一九四七年三月三一日教育基本法公布・施行、同年五月三日には日本国憲法が施行され、教育委員会法（一九四八年）、文部省設置法（一九四九年）を経て、一九四九年に社会教育法、一九五〇年に図書館法、一九五一年に博物館法、一九五三年に青年学級振興法が制定され、戦後社会教育法制が形作られていくことになる。

戦前教育が大日本帝国憲法によって天皇の命令（勅令）として、すなわち「教育勅令の権力的執行」（兼子仁）として行われたことを考えるのであれば、戦後における勅令主義から法律主義への転換は極めて大きな意義を持ったといえよう。

3　生涯学習政策の展開による社会教育局の終焉と生涯学習政策局の「廃止」

国及び地方自治体における社会教育行政は憲法・教育基本法・社会教育法に基づいて執行されなければならないのはいうまでもない。にもかかわらず一九八八年に文部省社会教育局は生涯学習局に改組されて戦前に続き二度目の終焉を迎えることになる。

この改組を準備したものは、内閣直属の機関として設置された臨時教育審議会（一九八四～八七年）である。その最終答申では「教育改革の視点」として「個性重視」「生涯学習体系への移行」「変化への対応」が掲げられ、特に「生涯学習体系への移行」については「わが国が今後、社会の変化に主体的に対応し、活力ある社会を築いていくためには、学歴社会の弊害を是正するとともに、学習意欲の高まりと多様な教育サービス体系の登場、科学技術の進展などに伴う新たな学習需要の高まりにこたえ、生涯学習体系への移行を主軸とする教育体系の総合的再編成を図っていかなければならない」と謳われていた。

「多様な教育サービス供給体系」重視の生涯学習政策は、教育を市場原理に委ねていこうとする新自由主義的教育改革論であり、その考えは一九九〇年の中央教育審議会答申「生涯学習の基盤整備について」を受けて成立した「生涯学習の振興のための施策の推進体制等の整備に関する法律」（一九九〇年七月一日施行、以下生涯学習振興法と略す）に集中的に表現されている。同法は、経済産業省（当時）との共管法で、生涯学習民活法あるいは生涯学習関連産業立地法ともいうべきものであり、同法第五条に規定された地域生涯学習振興基本構想は「民間事業者の能力を活用しつつ行う」ことを事実上義務付け、明らかに生涯学習における民営化・市場化を推進する民間事業者のための法律であった。同法はさまざまな問題点を有しているが[7]、特に重要なのは「教育基本法の精神に則り」を明記せず憲法・教育基本法との関連を切断したことである。

その後、二〇〇六年には第一次安倍内閣による教育基本法「全部改正」によって第三条（生涯学習の理念）が新設された。そこでは「国民一人一人が、自己の人格を磨き、豊かな人生を送ることができるよう、その生涯にわたって、あらゆる機会に、あらゆる場所において学習することができ、その成果を適切に生かすことのできる社会の実現が図られなければならない」とされたが、そのような社会を形成するための国・自治体の公的責務への言及はない。国民が磨くべき「人格」には「伝統と文化を尊重し、それらをはぐくんできた我が国と郷土を愛するとともに、他国を尊重し、国際社会の平和と発展に寄与する態度を養うこと」（二〇〇六年教育基本法第二条五）という「資質」も求められているのであって、第三条（生涯学習の理念）は新保守主義的国家主義と新自由主義がミックスされた条文であるともいえるのである。筆者は、第三条は「生涯学習の理念」ではなく「生涯教育」とすることによって他の条文、教育概念との整合性を図るべきであったと考えている。

おわりに

一九一九年に普通学務局第四課が誕生してから今年で一〇〇年。さらに一九二九年社会教育局設置によって学校教育から相対的に独立してから九〇年。しかしその社会教育局も戦時体制下の一九四二年に消滅したことを想起するとき、社会教育概念の解体が戦争遂行と一体で引き起こされたことを忘れてはならないであろう。さらに戦後については、生涯学習政策が社会教育行政の後退を導いたことは、社会教育局⇓生涯学習局⇓生涯学習政策局⇓総合教育政策局への変遷をみれば明らかではないだろうか。

社会教育から生涯学習への転換による法概念としての社会教育の空洞化、一般行政と学校教育行政にますます包摂されていく社会教育行政、戦前の文化統制行政を反省し「文化国家」（Kulturstaat）ではなく「文化的な国家」（教育基本法前文）をめざして社会教育行政に位置づけられた文化行政もまたいま大きな岐路に立っている。[8]

注

（1）文部科学省は「『総合教育政策局』設置に向けてのポイント（案）」という中で「『総合教育政策局』の設置は、これまで大きな課題であった、学校教育と社会教育の縦割りを克服し、より横断的総合的なビジョンに基づく教育行政を戦略的に展開するため、文科省の筆頭局の機能を強化するものです。このことにより、生涯学習の理念をふまえた総合的な教育政策を推進します」「同時に社会教育の一層の振興が必要です。このため『生涯学習推進課』『地域学習推進課』『共生学習推進課』の三課を中心に、学校教育との連携・融合も強化しながら、幅広い分野での社会教育の振興を図り、学びを通じたより良い地域づくり、社会づくりにつなげていきます。局内の社会教育政策を束ねる責任者として『社会教育』を名称に冠したポスト（社会教育振興官）も設置します」としている。この文書は、二〇一七年一一月一六日に日本公民館学会が文科省へ要望書を提出したときに手交されたものである。

（2）戦前・戦後における社会教育行政の変遷については、特に断りがない場合は国立教育研究所『日本近代教育百年史7　社会教育（1）』同『日本近代教育百年史8　社会教育（2）』一九七四年、財団法人教育研究振興会をもとにまとめた。

（3）小川利夫は通俗教育に関する総会の審議及び答申の歴史的意義について「まずその第一は、総会の審議および答申が、明治以降とくに、明治後半以降におけるわが国の社会教育方策について、その『不備』を全面的に再検討し、その上にたって、権力による国民の思想の『取締り』を一層強化し、より積極的にその具体的な諸方策をうちだしてきていることである。第二は、いうまでもなく、その結果としてわが国の社会教育体制が、とくに官僚的な行政面においていちじるしく強化され確立されていったことである」海後宗臣編『臨時教育会議の研究』東京大学出版会、一九六〇年、八五八頁と指摘している。

（4）戦前における「施設」概念は、「施シ設ケル」の意味であって事業という概念に近い。

（5）下村壽一『現代教育学体系　原理篇　第二十四巻　社会教化運動』成美堂書店、一九三六年を参照のこと。

（6）現在、政府自民党は「家庭教育支援法案」を準備していると報じられている。

（7）拙稿「生涯学習振興法案逐条批判」『月刊社会教育』一九九〇年七月号、国土社、『現代生涯学習と社会教育の自由』二〇〇六年、学文社などを参照のこと。

（8）国においては、博物館に関する事務は文化庁に移管され（文部科学省設置法改正、二〇一八年一〇月一日施行）、文化財保護法・地方教育行政法改正によって、文化財保護の事務は、地方公共団体の長が担当できるようになった（二〇一九年四月一日施行）。

第2章　文部科学省の組織再編案の問題点と中教審生涯学習分科会「審議のまとめ」

はじめに

二〇一七年八月に公表された生涯学習政策局・社会教育課・青少年教育課・男女共同参画学習課を「廃止」するという文部科学省組織再編案は、戦後社会教育行政を大きく転換させるものであり、特に社会教育課の「廃止」は、戦時体制下や戦後初期に中断した時期があったとはいえ、実質的に社会教育担当課であった文部省普通学務局第四課（一九一九年）の設置から数えて今年で百年を迎えるのであって、それだけに社会教育関係者にすくなからぬ衝撃を与えるものであった[1]。

二〇一七年九月一六日の日本社会教育学会総会で採択された要望書を皮切りに、社会教育推進全国協議会（二〇一七年九月二三日）、全国公民館連合会（二〇一七年九月二八日）、松本市教育委員会（二〇

〇一七年九月二八日)、日本図書館協会(二〇一七年一〇月二〇日)、日本公民館学会(二〇一七年一一月一六日)、全国都道府県教育委員会連合会(二〇一七年一一月二八日)、飯田市教育委員会(二〇一七年一二月五日)、『月刊社会教育』編集委員会(二〇一七年一二月一九日)、そして男女共同参画関係では一一の団体から要望書等が提出された(2)。このように短期間で多くの社会教育関係団体が社会教育課などの存続を求めて国の政策に対して異議申し立てを行ったことは、戦後社会教育史においても特筆に値する事柄であったと言えよう。運動の結果は、男女共同参画の名称を残すという成果を残したが(3)、生涯学習政策局・社会教育課・青少年教育課はそのまま「廃止」されることになった。

すでに文部科学省組織令は改正され、二〇一八年一〇月一六日から施行されているが、本稿では、これまでに公表されている資料などに基づいて今回の組織再編案についてその問題点等を指摘してみたい。なお、二〇一八年八月一〇日の第一一七回中央教育審議会総会において生涯学習分科会から「公立社会教育施設の所管の在り方等に関する生涯学習分科会における審議のまとめ」(以下、「審議のまとめ」と略す)が提出された。組織改編とも深く関わるこの「審議のまとめ」についても言及してみたい。

1　文部科学省組織改編案と連動した政策動向

二〇一七年の文部科学省組織改編案が八月に公表されて以降、国レベルにおいては、以下のような政策がすすめられた。

⑴「公立博物館については、まちづくり行政、観光行政等の他の行政分野との一体的な取組をより一層推進するため、地方公共団体の判断で条例により地方公共団体の長が所管することを可能とすることについて検討し、平成三〇年中に結論を得る」（「平成二九年の地方からの提案等に関する対応方針」、平成二九［二〇一七］年一二月二六日閣議決定）、⑵「公立社会教育施設の所管の在り方等に関するワーキンググループの設置について」（生涯学習分科会決定、二〇一八年二月九日）、⑶「社会教育主事講習等規程の一部を改正する省令の施行について」）（文科省生涯学習政策局長通知、二〇一八年二月二八日）、⑷公立社会教育施設の所管の在り方も含めた林芳正文部科学大臣の中央教育審議会への諮問「人口減少時代の新しい地域づくりに向けた社会教育の振興方策について」（二〇一八年三月二日）、⑸中央教育審議会「第三期教育振興基本計画について（答申）」（二〇一八年三月八日、六月一五日閣議決定）、⑹博物館に関する事務を文化庁へ移管する文部科学省設置法改正（二〇一八年二月一六日閣議決定、六月八日成立）、⑺歴史的建物や史跡、美術品の活用に関する地域計画を定めた市町村に対し権限移譲や税制優遇などで支援する新制度等を定めた文化財保護法改正・文化財保護事務を教育委員会から首長部局へ移管できるようにした地方教育行政法改正（二〇一八年三月六日閣議決定、六月一日成立）、などである。

それぞれは、固有の課題や文脈を持ちつつも、通奏低音のように流れるのは、「まちづくり行政、観光行政等の他の行政分野との一体的な取組をより一層推進するため」であって、社会教育行政がまちづくり行政や観光行政に埋没しかねない状況が政策的に準備されつつある。また、社会教育主事養成科目において新設される「社会教育経営論」については、『『社会教育行政の経営戦略』又は『社会教育施設の経営戦略』においては、厳しい財政状況にあって社会教育事業の具体化を図るため、クラウドファンディングなど多様な手法による資金調達について取り扱うこと」（生涯学習政策局長通知、二〇一八年年二月二八日）とされている。社会教育主事の職務内容に新たに新自由主義的再定義が企図されているといってもよいだろう。

さて、文部科学省組織再編案については、現在、同省ウェブサイトにこれまでの資料が時系列的に掲載されている。二〇一七年八月時点での資料は、「平成三〇年度機構・定員要求の主要事項」における「1．組織改正要求」、「2．定員要求」、そして「総合的な教育改革を推進するための機能強化イメージ（案）」として掲載されている。

「組織改正要求」では、1．文化政策の総合的な推進のための機能強化（文化庁）、2．総合的な教育改革に取り組むための機能強化（生涯学習政策局・初等中等教育局・高等教育局）、3．災害に強い学校等の文教施設を整備するための機能強化（文教施設企画部）、4．EBPM推進のための体制整備（大臣官房政策課）、5．研究開発調査戦略室長（仮称）の新設（科学技術・学術政策局）、6．企画官の新設（研究振興局）の六点が列挙され、「機能強化イメージ」（案）では、生涯学習政策局を総合教育政策局へ、社会教育課と青少年教育課を地域学習推進課へ、男女共同参画学習課と初等中等教育局国際教育課（海外子女教育・外国人指導）・健康教育・食育課（学校安全）を共生社会学習推進課へ再編する案などが示されていた。

その後、文部科学省は「『総合教育政策局』設置に向けてのポイント（案）」と「総合教育政策局の体制イメージ（案）」をおそらく二〇一七年一〇月から一二月ごろにかけて明らかにし、二〇一八年五月時点においてほぼ最終的にまとまった「総合教育政策局の設置について」（案）と「なぜ今、総合教育政策局の設置が必要なのか—現状の課題と目指す方向性—」を公表している。そこでは「総合教育政策局設置の目指すもの」として「……生涯学習社会実現の重要性は一層高まっています。一方で、生涯学習局又は生涯学習政策局が設置された後も、学校教育政策と社会教育政策とが縦割りで展開されているとの指摘もあり、生涯学習政策の一層強力な推進が不可欠と考えられます。……」とし、「総合教育政策局のミッション」として、「ミッション1　学校教育・社会教育を通じた総合的かつ客観的根拠に基づく教育政策を推進」「ミッション2　生涯にわたる学び、地域における学び、『ともに生きる学び』の政策を総合的に推進」の二つを挙げ、「ミッション2」については「……地域における様々な学習活動を支援するとともに、地域における学びを先導する人材の育成や社会教育施設の活性化等を推進するなど、社会教育の振興を強力に進めます」としている。以下、社会教育に特に関連する課の説明をやや長いが重要なので引用してみよう。

「教育人材政策課：従来初等中等教育局と高等教育局とに分かれて担当していた教員の養成・免許・研修についての業務を一元化し、より総合的・効果的に実施します。社会教育主事等の社会教育関係人材の養成・研修に関する業務も他の部局とも連携しつつ行うことで、教育を支える専門人材の育成政策の総合的な推進を目指します。（なお、学芸員に関する施策は、新たに文化庁が中心となり、総合教育政策局とも連携しながら、その充実を図っていくこととなります。）

地域学習推進課：人口減少社会において、活力ある社会を持続可能なものとするための鍵は、住民の主体的な社会参画にあります。住民一人一人の人生を豊かにする学習、少子高齢化や人口減少など地域が直面する課題の解決や地域活性化のための学習など『地域における学び』を学校教育とも連携しながら強力に推進します。また、学校や家庭との連携が不可欠な青少年教育及び家庭教育支援に関する業務を集約するとともに、社会教育・青少年教育・家庭教育支援等に関する団体との連携の強化や施設の活性化等にも取り組みます。

『社会教育振興官』（仮称）の配置：生涯学習社会の実現に向けて、社会教育の振興は一層重要です。社会教育に関する業務は、生涯にわたる学び、地域における学び、『ともに生きる学び』など幅広く人々の学びを支援するものです。これを進めるためには、総合教育政策局はもとより、文化庁やスポーツ庁や学校教育担当部局における業務との連携が不可欠です。こうした局課を超えた社会教育に関する政策や業務の総合的な調整・推進は、特定の課を超えて、関係業務をより統括的に束ね、相互の有機的な連携を確保しながら全体を動かすことのできる立場の官職において担うことが適切と考えられます。このため、総合教育政策局に新たに『社会教育振興官』を配置し、関係業務の連携を緊密化するとともに、社会教育の一層の振興を図ります。平成三〇年三月に、文部科学大臣は中央教育審議会に対して『人口減少時代の新しい地域づくりに向けた社会教育の振興方策について』を諮問したところであり、『社会教育振興官』は、中央教育審議会における検討の取りまとめの中心となり、新時代の社会教育の在り方を構想し、実現を目指します」。

なお、当初、地域学習推進課の内部組織については、「地域学校協働推進室、家庭教育支援室、青少年教育室、社会教育施設担当等」とされていたが、その後図書館・学校図書館振興室が設置されている。

2　文部科学省改編案の問題点

そもそも今回の文部科学省組織改編案にいたる内発的動機を見出すのは困難であるというのが筆者の印象である。[4] その理由は、まず第一に、二〇一七年八月時点での「組織改正要求」の六点のうち第一に掲げられているのは文化庁の京都移転に向けた機能強化であって、文化庁の移転・機能強化が文部科学省組織再編の梃にされているように思われることである。第二に、総合教育政策局設置の理由として、前述したように「生涯学習局又は生涯学習政策局が設置された後も、学校教育政策と社会教育政策とが縦割りで展開されている」との指摘を掲げているが、生涯学習局設置（一九八八年）から三〇年以上も経過して、なおも「縦割り」が克服できていないというならば、それこそ「ＥＢＰＭ推進のための体制整備」の観点から（Evidence Based Policy Making：総合的かつ客観的根拠に基づく政策立案）、今回の総合教育政策局立ち上げの客観的根拠を示すべきだったのではないだろうか。

第三に名称変更についてである。総合教育政策局設置の目指すものが「教育基本法第三条の生涯学習の理念に基づいた生涯学習政策の実現」（傍点筆者、「なぜ今、総合教育政策局の設置が必要なのか―現状の課題と目指す方向性―」より）というのであれば、生涯学習政策局を変更する理由は出てこない。さらに「社会教育振興官」を新設してまで社会教育を振興する、と強調するのであれば、社会教育課を「廃止」する理由も生まれない。そして、何よりも新設される地域学習推進課における「地域学習」という概念は、現行社会教育法制上には存在しない。要するに政策のねらいと内部部局名が一致していないのである。

第四に、総合教育政策局内における公民館・図書館という社会教育施設に関する事務の相対的地位の低下である（博物館に関する事務はすでに文化庁に移管）。地域学習推進課のなかでも「社会教育施設担当」は「地域学校協働推進室、家庭教育支援室、青少年教育室」に続く下位に位置づけられ、これはそのまま政策的優先順位を示しているかのようである。さらに重大なのは、教育人材政策課に、図書館司書を含む「社会教育主事等の社会教育関係人材の養成・研修に関する業務」を移管するという点である。このような行政体制では、社会教育施設を充実・発展させていくうえで、現行社会教育法制に基づく社会教育職員・施設・予算などに関する事務を一体的に進めていくことが困難になるといわざるを得ない。

千葉県と千葉県内市町村における社会教育・生涯学習担当部局名

（　）内は自治体数

県	生涯学習課（1）
市	生涯学習課（24）＊、生涯学習振興課（1）、生涯学習スポーツ課（1） 生涯学習推進課（1）、生涯学習文化課（1）、 社会教育課（9）
町	生涯学習課（7）、生涯学習室（1）、生涯学習係（1）、生涯学習班（1） 社会文化課（2） 社会教育係（3）、社会教育班（1）
村	生涯学習課（1）

＊24自治体の内、1自治体は首長部局による補助執行である。なお、当該自治体は、2019年4月に教育委員会に戻している。

そして、最後に指摘したいのが自治体教育委員会の内部組織に与える影響である。国においてはもともと文部省設置法（一九四九年）によって内部部局が定められていたが、一九八四年から文部省組織令による政令事項に移行した。自治体においては、地方教育行政法第一七条二「教育委員会の事務局の内部組織は、教育委員会規則で定める」とされている。文部科学省の内部部局が国においては法律制定事項ではなく、自治体教育委員会においては条例制定事項ではない、ということが社会教育行政に対する市民・住民の意思反映をめぐる課題のひとつとなっているといえよう。さて、一九八八年に社会教育局が廃止されて生涯学習局が新設され、その二年後に「生涯学習の振興のための施策の推進体制等の整備に関する法律」（一九九〇年）が成立・施行される状況のもとで自治体教育委員会事務局の組織改編が進行した。たとえば、二〇一八年八月時点での千葉県と千葉県内五四市町村（三七市・一六町・一村）の社会教育・生涯学習担当部局は表のようになっている。担当部局名に社会教育を使用しているのが一四自治体であり、多くの自治体が生涯学習を使用していることがわかる。今回の文部科学省による組織再編が、後述する社会教育施設の首長部局移管と相俟って、自治体教育委員会の組織再編に早晩連動することが予測されるのである。

3　「審議のまとめ」と移管後の社会教育職員をめぐる諸問題

八月一〇日の中教審総会に提出された「審議のまとめ」について、いくつか問題点を指摘してみたい。

まず、第一に、二〇一七年一二月二六日の閣議決定は、博物館に関する所管の在り方であったにもかかわらず、生涯学習分科会に設置されたWGは、「公立社会教育施設の所管の在り方等」として公民館・図書館にまで検討対象を拡大したことの問題性である。第二に、首長部局移管の論理をめぐってである。「審議のまとめ」では、首長部局移管のメリットや可能性ついて「他行政分野との一体的運営による質の高い行政実現の可能性」として、たとえば「図書館については、他の行政分野の施設との連携を強化することで、運営の活性化や、住民交流の拠点、まちづくりの拠点、さらには様々な分野の情報拠点等としての機能のより効果的な発揮に繋がる可能性がある」などがあげられ、「施設の効果的・効率的な整備・運営の可能性」については、「施設の運営の面についても、様々な分野の施設が複合した形で設置されている場合に、その所管を一元化することで、当該複合施設の運営がより効果的に行える可能性がある。現状において、公立社会教育施設の複合化の状況は、図書館については六五・

○%、公民館は三一・六%、博物館は一九・二%となっている。その割合は年々高まるとともに、例えば、図書館と医療・福祉施設の複合化など人口の高齢化を見据えた新たな取組も進められる状況となっている」などを例示している。しかし、首長部局に移管したことで「機能のより効果的な発揮」が起こったのか、首長部局に移管したことで「当該複合施設の運営が効果的に行えたのか」を検証するのはむずかしい。「審議のまとめ」では「今後の社会教育施設に求められる役割」をそれぞれの施設ごとに詳しく述べているのであり、事柄の順番はまずは現行教育委員会のもとでその役割を果たすことでできるように国が支援することが先なのではないだろうか。第三は、社会教育行政における政治的中立性の確保をめぐってである。「審議のまとめ」は「……学校教育と完全に同一の措置を講ずる必要があるとまで言えないものの、その確保のためには、例えば、教育委員会による関与など一定の担保措置を講ずる必要があると考えられる」(傍点筆者)としている。しかし、この考え方は、「社会教育についても、公民館、図書館等の社会教育施設で行われる各種事業は、学校における教育活動と同様に人格形成に直接影響を与えるものであり、対象が成人であったとしても、その内容には政治的中立性の確保が必要であり、教育行政部局が担当するものとして存置すべきである」(中教審答申「今後の地方教育行政の在り方について」二〇一三年)という見解の重大な変更であることを指摘しておきたい。二〇一三年答申を踏襲するのであれば、そもそも所管の在り方を考えること自体が成立しないということである。

そして、第四は、首長部局移管のもとでの社会教育職員の任命をめぐる問題とそこから危惧されることがらである。「審議のまとめ」は「公立社会教育施設の所管に関する本件特例の導入により、地方公共団体の判断により首長部局に所管が移った場合であっても、それぞれの施設が、社会教育法、図書館法、博物館法等に基づく社会教育施設であることに変わりはなく……」とあるが、別のところでは、地方公共団体の長が担当する事務として「規則の策定、各種事業の実施、職員の任命、審議会等の設置・委員の委嘱、運営状況の評価・情報提供等」を例示している。特に「職員の任命」が首長部局に移管されることは重大である。地方教育行政法によって教育機関職員は教育委員会が任命することになっており、さらに社会教育法第二八条は公民館職員については教育委員会が任命するとしている。このような現行法の規定を無視してまで何を得ようとしているのであろうか。公立社会教育施設が首長部局に移管されるならば、そこに働く公民館主事・図書館司書・博物館学芸員の専門性に基づいた自由で自律的な社会教育労働が「まちづくり行政や観光行政など他の関連行政との一体化」をめざす首長部局の「上意下達」のもとで否定される危険性が生まれる、と筆者は考える。換言すれば、所管問題＝首長移管問題の本質は、住民サイドから見るならば生涯にわたる学習の自由と権利の侵害につながる恐れがあるという一点にある。

最後に、特例を認める場合のいくつかの担保措置をめぐる問題と、首長部局移管のもつ法的諸問題については、日本社会教育学会「公立社会教育施設の教育委員会所管堅持に関する要望書」（二〇一八年六月二日、日本社会教育学会ウェブサイト）を参照していただければ幸いである。

注

（1）詳しくは、長澤成次「社会教育行政をめぐる歴史と課題―文部科学省生涯学習政策局・社会教育課「廃止」を問う―」『月刊社会教育』二〇一八年一月号、国土社を参照されたい。

（2）日本社会教育学会「文部科学省組織改編に関するシンポジウム資料集」二〇一八年一月二一日を参照のこと。

（3）村松泰子「文科省の『男女共同参画』の課名存続をめぐって」『女性展望』三・四、二〇一八年を参照のこと。

（4）二〇一八年一月二一日に開催された日本社会教育学会主催「文部科学省組織改編に関するシンポジウム」において村上祐介氏（東京大学）は、今回の組織再編の背景として「天下り問題」「初等中等教育局の業務の過大」「総合教育政策局→調査機能」「学校教育政策へのシフト」などを挙げているが、官邸主導による政策的圧力も無視できないように思われる。

第3章　公立社会教育施設の首長部局移管問題と第九次地方分権一括法案

「……社会教育においては、個人の要望や社会の要請に応じた多種多様な学習機会が整備されることが重要であり、行政による学習機会の提供に当たって、行政的な視点が優先され、学習に関する住民の自主性・自発性が阻害されることのないよう、地域住民の意向の反映に留意することが重要である」（中央教育審議会答申「人口減少時代の新しい地域づくりに向けた社会教育の振興方策について」二〇一八年一二月二一日より。傍点筆者）

はじめに

冒頭で掲げた文章は、公立社会教育施設の首長部局移管の「特例」を認めた中教審答申の一節である。このような認識は、もし公立社会教育施設が首長部局に移管されたら「行政的な視点が優先」されて、「学習に関する住民の自主性・自発性が侵害」される可能性があることを中教審答申自らが認めたことに他ならない。にもかかわらず中教審はなぜ、公立社会教育施設の首長部局移管を認めたのか。そこには後述するように一九九九年の地方分権一括法以来の国の地方分権・規制緩和政策の流れがある。中教審答申後の閣議決定「平成三〇年の地方からの提案等に関する対応方針」（二〇一八年一二月二五日）によれば「義務付け・枠づけの見直し」の項目に、今回の公立社会教育施設の首長部局移管を可能にする社会教育法関連法改正が位置付けられていることに端的に示されている。

要するに公立社会教育施設の所管問題の本質は「地方分権改革」の延長線上におきた問題なのである。住民の学びの自主性と自発性の保障は、戦前教育の国家主義的軍国主義的教育の反省から私たちが得た重要な戦後教育の価値であり、平和と民主主義と人権を基盤とした社会教育の自由・学びの自由と深くかかわる問題であり、換言すれば、憲法で保障された基本的人権としての教育権・学習権思想を前提にした権利としての社会教育を創造するうえでの基本原則でもある。教育の自主性と地域住民に対する直接的責任制を担保するための制度的保障である教育委員会制度は、一般行政から独立した行政委員会であり、社会教育施設を教育委員会が所管することの意味はここにある。

たとえば、今日、地域・自治体における公民館をめぐっては、九条俳句不掲載事件に見られるように住民の基本的人権と自由な学びへの侵害が多発し[1]、また公民館の有料化問題、指定管理者制度の導入、コミュニティセンター化等による非公民館化、公民館と地域自治組織・住民自治組織との関係、そして今回の公民館をはじめとする公立社会教育施設の首長部局移管問題等、さまざまな問題が生起しつつある。これらの問題に通底する重要な課題は、公民館の基本的性格を憲法で保障された人権としての教育権・学習権を保障する教育機関として捉え、住民の学びの自由と権利を軸に、暮らしと地域を豊かに創造していく公民館活動を展開することにある。

1　「義務付け・枠付けの見直し」としての公立社会教育施設の首長部局移管問題

二〇一八年一二月二一日に文部科学大臣に提出された中教審答申「人口減少時代の新しい地域づくりに向けた社会教育の振興方策について」は、「……社会教育に関する事務については今後とも教育委員会が所管することを基本とすべきであるが、公立社会教育施設の所管については、当該地方の実情等を踏まえ、当該地方にとってより効果的と判断される場合には、地方公共団体の判断により地方公共団体の長が公立社会教育施設を所管することができることとする特例を設けることについて、（中略）社会教育の適切な実施の確保に関する担保措置が講じられることを条件に、可とすべきと考える」と結論づけ、戦後の社会教育法体系を根底から崩しかねない重大な決定を行った。

そもそも今回の公立社会教育施設の所管問題が中教審生涯学習分科会の俎上にのぼった直接的契機は、二〇一七年一二月二六日の閣議決定「平成二九年の地方からの提案等に関する対応方針」のなかの「公立博物館については、まちづくり行政、観光行政等の他の行政分野との一体的な取組をより一層推進するため、地方公共団体の判断で条例により地方公共団体の長が所管することを可能とすることについて検討し、平成三〇年中に結論を得る」であった。

ところで、この「地方からの提案等に関する対応方針」を支えている基本的な考え方・スキームは、二〇一四年から実施されている「提案募集方式」（「地方分権改革に関する提案募集の実施方針」（平成二六年四月三〇日地方分権改革推進本部決定）である。地方からの提案に基づいて内閣府が各省庁に提案事項の検討を要請し、関係会議や関係団体等とも調整しつつ最終的に「閣議決定」をして法改正を行うという仕組みである。この「地方分権改革」を進める方式は、一九九九年の社会教育法における住民参加システムを大きく後退させた地方分権一括法のときと基本的構造は変化していない(2)。

中教審答申提出後に閣議決定された「平成三〇年の地方からの提案等に関する対応方針」（二〇一八年一二月二五日）においては、「……法律の改正により措置すべき事項については、所要の一括法案等を二〇一九年通常国会に提出することを基本とする(3)」とされ、「事務・権限の委譲に伴う財源措置その他必要な支援」「国から地方公共団体への事務・権限の委譲等」「都道府県から市町村への事務・権限の委譲等」とならんで「義務付け／枠づけの見直し等」の文部科学省の項目に「社会教育法（昭二四法二〇七）、図書館法（昭二五法一一八）、博物館法（昭二六法二八五）及び地方教育行政の組織及び運営に関する法律（昭三一法一六二）」が例示され、「公立社会教育施設については、社会教育の適切な実施の確保に関する一定の担保措置を講じた上で、地方公共団体の判断で条例により地方公共団体の長が所管することを可能とする」と閣議決定されたのである。

2　三重県名張市「地方からの提案」と「地域課題解決」をめぐって

では「地方からの提案等」とは具体的に何であったのか。「平成三〇年　地方分権改革に関する提案募集　提案事項」として名張市からの提案が内閣府の地方分権改革推進室のウェブサイトに掲載されるのは二〇一八年七月二日である。(4)

名張市からの提案区分は「地方に対する規制緩和」であり、事項名は「公立社会教育施設の所管に係る決定の弾力化」である。「求める措置の具体的内容」は「公立社会教育施設の所管について、現行の関係法令では、教育委員会の所管と規定されていますが、条例により自治体ごとに各社会教育施設の所管を決定できるよう制度改正を求めます」として「具体的な支障事例」(傍点筆者)として以下のように理由を述べている。

「平成二九年三月『学びを通じた地域づくりに関する調査研究協力者会議』及び平成三〇年三月中央教育審議会諮問によれば、地域課題解決こそが社会教育において求められていることであり、そのための中核的な施設として社会教育施設がある、とされています。当市では、平成二八年度に、『名張市公民館条例』を廃止し、『名張市市民センター条例』を施行しました。これは、市民センターで学んだ知識や技術を地域社会へ還元し、地域の課題解決を推進しようとするものです。また、コミュニティビジネスなどを可能にすることで、地域活動やサークル活動の実践の場が広がり、更なる事業展開を図ろうとするものです。現行の社会教育法では、営利目的の事業が禁止され、活動の幅を狭めていたことから、市民センターへ移行することで、地域課題解決への環境が整うと判断したためです。現在、地方自治法に基づく事務委任・補助執行により、首長部局の職員等に社会教育施設の運営を委ねることも可能ですが、最終的な責任の所在が不明確となることも懸念されます」。

さらに「制度改正による効果（提案の実現による住民の利便性の向上・行政の効率化等）」については「人口減少・高齢社会の進行に伴い、地域では、複合・複雑化した生活課題や制度の谷間で対応困難な事案など、深刻な課題が山積しています。当市の取組を踏まえ、公立社会教育施設を地域の拠点として複合的に利用する意義は、非常に大きいと考えています。社会教育施設が地域の拠点として、他部局と一元的に対応できる体制が整い、行政の効率化が図られるとともに、社会教育のさらなる振興へつながることが期待できます。なお、過去の議論から、政治的中立性等が懸念されていますが、教育委員会による一定の関与があれば、政治的中立性の確保は可能と考えます」としている。

そして「根拠法令等」として「地方教育行政の組織及び運営に関する法律第二三条第一項、社会教育法第五条、第二八条、図書館法第一三条、博物館法第一九条」を掲げている。「根拠法令等」は、提案に対して支障となっている法令等という謂である（次頁の表を参照のこと）。

ここには、社会教育をめぐる多くの今日的論点がちりばめられているが、注目すべきは、文科省の調査研究協力者会議（論点の整理）を援用しての「地域課題解決こそが社会教育において求められている」という指摘である。「調査研究協力者会議」の概要版によれば「学びの成果を地域づくりの実践

表　「地方からの提案」に対して支障とされた根拠法令等

地方教育行政法第23条（職務権限の特例）第1項	前二条の規定にかかわらず、地方公共団体は、前条各号に掲げるもののほか、条例の定めるところにより、当該地方公共団体の長が、次の各号に掲げる教育に関する事務のいずれか又は全てを管理し、及び執行することとすることができる。 一　スポーツに関すること（学校における体育に関することを除く）。 二　文化に関すること（次号に掲げるものを除く）。 三　文化財の保護に関すること。
社会教育法第5条（市町村の教育委員会の事務）	市（特別区を含む。以下同じ。）町村の教育委員会は、社会教育に関し、当該地方の必要に応じ、予算の範囲内において、次の事務を行う。 一　社会教育に必要な援助を行うこと。 二　社会教育委員の委嘱に関すること。 三　公民館の設置及び管理に関すること。 四　所管に属する図書館、博物館、青年の家その他の社会教育施設の設置及び管理に関すること。（以下略）
社会教育法第28条	市町村の設置する公民館の館長、主事その他必要な職員は、教育長の推薦により、当該市町村の教育委員会が任命する。
図書館法第13条（職員）	公立図書館に館長並びに当該図書館を設置する地方公共団体の教育委員会が必要と認める専門的職員、事務職員及び技術職員を置く。 2　館長は、館務を掌理し、所属職員を監督して、図書館奉仕の機能の達成に努めなければならない。
博物館法第19条（所管）	公立博物館は、当該博物館を設置する地方公共団体の教育委員会の所管に属する。

につなげる『地域課題解決学習』を社会教育の概念に明確に位置付け」という表現をしているので名張市の引用は不正確のようにも見えるが、しかし、「地域課題解決こそが社会教育において求められている」（傍点筆者）というのであれば、社会教育施設としての公民館であって何の問題もないのであり、市民センターに再編する論理は生まれてこない。コミュニティビジネスについても公益的な事業であれば公民館の事業として行うことは可能である。

二〇一八年四月一六日に中教審生涯学習分科会ＷＧに招請された大阪府枚方市産業文化部生涯学習

課は、二〇〇六年に公民館を廃止して生涯学習市民センターへと再編した経緯について「制限的な団体登録制度による利用独占、無料理由など『閉鎖的公民館コミュニティ』の改革がもとめられた」こと、さらに「政治背景」として「市長の政治的リーダーシップが教育委員会の独立性に妨げられやすいという不満を背景に、教育委員会機能を縮小して事業権限を市長部局に移そうとする指向があった」と説明している。二〇一六年度以降、生涯学習市民センターと図書館の複合施設に指定管理者制度が導入され、ヒアリング資料には、生涯学習市民センターの「主たる機能は『貸館』」であるという記述も見られた。枚方市は「枚方テーゼ」[5]の街でもあり、移管の時には公民館存続を求める市民運動が展開されたところでもあるが、ここには首長による首長部局移管の論理が典型的な形で示されているといってもよいであろう。

3　第九次地方分権一括法と「根拠法令等」とされた地方教育行政法二三条一項、社会教育法五条・二八条、図書館法一三条、博物館法一九条「改正」問題

文部科学省は、名張市の提案に関する内閣府地方分権改革推進室からの検討要請に対して第一次回答（二〇一八年七月二六日）、第二次回答（二〇一八年一〇月三日）、そして「最終的な調整結果」（二〇一八年一二月二五日）を提出している。第二次回答においては、「提案募集検討専門部会からの主な再検討の視点（重点事項）」として「○……中教審生涯学習分科会における審議のまとめが、中教審総

会に報告されたところ。これを踏まえ、中教審から、こうした方向の答申を受けた場合には、提案を実現するということでよいか。○社会教育の適切な実施の確保に関する担保措置については、地方分権推進計画（平成一〇年五月二九日閣議決定）、地方分権改革推進委員会第二次勧告（平成二〇年一二月八日）、同委員会第三次勧告（平成二一年一〇月七日）、「義務付け・枠付けの更なる見直しについて」（平成二三年一一月二九日閣議決定）等に反しないものとすることでよいか。○移管を可能とする場合には、法改正が必要と思われるが、地方教育行政の組織及び運営に関する法律、社会教育法、博物館法及び図書館法の改正を検討されるということか」という再検討の視点に対して、文部科学省は「ご指摘の方向で考えている」（傍点筆者）と回答している。

要するに一二月の中教審答申が出される前の一〇月三日の段階で、すでに提案を実現する方向での確認と、地方教育行政法・社会教育法・図書館法・博物館法改正の検討を文部科学省は確認をしていたのである。

「根拠法令等」に掲げられた条文は、いずれも社会教育法関連法制の根幹部分に関わるものである。特に地方教育行政法のみならず、公立社会教育施設の法的根拠である社会教育法・図書館法・博物館法という個別法レベルまで「改正」が及ぶならば、中教審答申がいうような「特例」にとどまらず、社会教育法体系そのものが崩れる可能性がある。社会教育法七〇年という大きな節目の年に、「社会教育関係者にその庇護と養育を託する意味で社会教育法解説の筆を取った[6]」寺中作雄が今生きていたら何と言うであろうか。

注

（1）　さいたま市三橋公民館「九条俳句不掲載事件」（二〇一四年六月）は、二〇一八年一二月二〇日の最高裁の双方（さいたま市・原告）に対する上告棄却によって東京高裁判決（二〇一八年五月一八日）が確定した。高裁判決は「……公民館の職員が、住民の公民館の利用を通じた社会教育活動の一環としてなされた学習成果の発表行為につき、その思想、信条を理由に他の住民と比較して不公正な取扱いをしたときは、その学習成果を発表した住民の思想の自由、表現の自由が憲法上保障された基本的人権であり、最大限尊重されるべきものであることからすると、当該住民の人格的利益を侵害するものとして国家賠償法上違法となるべきである（最高裁平成一七年七月一四日第一小法廷判決、参照）」と判示している。二〇一九年一月三一日にさいたま市教育長は作者に謝罪。『三橋公民館だより』に「梅雨空に『九条守れ』の女性デモ」が二〇一九年二月号に掲載された。なお、佐藤一子・安藤聡彦・長澤成次編著『九条俳句訴訟と公民館の自由』エイデル研究所、二〇一六年、佐藤一子『「学びの公共空間」としての公民館―九条俳句訴訟が問いかけるもの―』岩波書店、二〇一八年を参照のこと。

（2）　拙稿「地方分権推進委員会第二次勧告と社会教育法改正」『現代生涯学習と社会教育の自由―住民の学習権保障と生涯学習・社会教育法制の課題』学文社、二〇〇六年を参照のこと。なお、一九九九年の地方分権一括法による社会教育法「改正」は、①社会教育委員：社会教育関係団体からの「選挙その他の方法」を削除。②教育長が作成した社会教育委員名簿に対する教育委員会の再提出要求権の剥奪。③館長任命に対する公運審の先議権を削除。④公運審の必置制廃止。委員構成の簡素化、委員の委嘱手続き規定の削除。などであり、社会教育における住民自治・住民参加に関わる重要な条文が削除・「改正」された。また、一九九八年の地方分権推進委員会第二次勧告を受けて公民館設置運営基準（文部省令）から館長と職員の「専任規定」も削除された。

（3）　内閣府地方分権改革推進室「地域の自主性及び自立性を高めるための改革の推進を図るための関係法律の整備に関する法律案（第九次地方分権一括法案）の概要」（平成三一年二月）を参照のこと。

（4）　内閣府平成三〇年の提案募集について https://www.cao.go.jp/bunken-suishin/teianbosyu/2018/index-h30.html、二〇一九年二月二四日閲覧。

（5）枚方市教育委員会「社会教育をすべての市民に」（一九六三年）は、①社会教育の主体は市民である。②社会教育は国民の権利である。③社会教育の本質は憲法学習である。④社会教育は住民自治の力となるものである。⑤社会教育は大衆運動の教育的側面である。⑥社会教育は民主主義を育て、培い、守るものである、と社会教育の本質的営みを喝破している。

（6）寺中作雄『社会教育法解説』社会教育図書株式会社、一九四九年、「序」より。

第4章　第九次地方分権一括法案と社会教育関連法「改正」の問題点

はじめに

政府は、二〇一九年三月八日に「地域の自主性及び自立性を高めるための改革の推進を図るための関係法律の整備に関する法律案」（第九次地方分権一括法案、以下「一括法案」と略す）を閣議決定し国会に上程した。その「概要」によれば、社会教育関連法「改正」は「地方公共団体に対する義務付け・枠付けの見直し等（一二法律）」に位置づけられ、「教育委員会が所管することとなっている博物館、図書館、公民館などの公立社会教育施設について、社会教育の適切な実施の確保に関する一定の担保措置を講じた上で、地方公共団体の判断により首長部局へ移管することを可能とする。これにより、移管された当該地方公共団体においては、観光・地域振興分野やまちづくり分野を担う首長部局で一体的に所管できるようになり、社会教育のさらなる振興はもとより、文化・観光振興や地域コミュニティの持続的発展等に資する」（施行日：公布の日）とされた。二〇一七年一二月二六日の閣議決定「平成二九年の地方からの提案等に関する対応方針」を直接受けて始まった今回の法改正問題は、中央教育審議会答申「人口減少時代の新しい地域づくりに向けた社会教育の振興方策について」（二〇一八年一二月二一日、以下「答申」という）を経たとはいえ、結果的には内閣府主導による「地方分権」「規制緩和」「義務付け・枠付けの見直し」の論理によって進められたといっても過言ではない[1]。

1　社会教育関連法制における「特定」概念導入の問題点

まず、新設される地方教育行政法第二三条（職務権限の特例）第一項第一号からみてみよう。第一号は、第一項「前二条の規定にかかわらず、地方公共団体は、前条各号に掲げるもののほか、条例に定めるところにより、当該地方公共団体の長が、次の各号に掲げる教育に関する事務のいずれか又は全てを管理し、執行することができる」を受けて、「図書館、博物館、公民館その他の社会教育に関する教育機関のうち、当該条例で定めるもの（以下「特定社会教育機関」という）の設置、管理及び廃止に関すること（第二一条第七号から第九号まで及び第一二号に掲げる事務のうち、特定社会教育機関のみに係るものを含む）」とするものである。

二〇〇七年地方教育行政法改正は、「スポーツに関すること（学校における体育に関することを除く)」「文化に関すること」(文化財の保護に関することを除く)」の事務を首長が管理・執行できるように「改正」したが[2]、さらに二〇一八年六月「改正」を受けて「文化財の保護に関すること」が付け加えられた。したがって、今回の「一括法」によって、スポーツ、文化、文化財に加え、公民館、図書館、博物館に関する事務の「いずれか又はすべて」を首長が管理・執行できるようになる。

社会教育法改正については、第五条(市町村の教育委員会の事務)に第三項を新設。そこでは、地方教育行政法第二三条第一項の「条例の定めるところによりその長が同項第一号に掲げる事務」を「特定事務」とし、その「特定事務」を管理・執行する地方公共団体を「特定地方公共団体」と法的に新たに位置づけ、特定地方公共団体である市町村にあっては、社会教育法第五条「第一項の規定にかかわらず、同項第三号及び第四号のうち特定事務に関するものは、その長が行うものとする」としている。ちなみに、現行社会教育法第五条第三号は「公民館の設置及び管理に関すること」、第四号は「所管に属する図書館、博物館、青年の家その他の社会教育施設の設置及び管理に関すること」と規定している。首長が公民館、図書館、博物館を所管する場合に、これらの規定と矛盾することから、第五条に三項を新設したと思われる。

さらに長が管理・執行する公民館を「特定公民館」(社会教育法第二八条、第三〇条、第四〇条)とし、同様に「特定図書館」(図書館法第一三条、第一五条)という法概念も登場させている[3]。要するに、今回の法改正においては、公立社会教育施設を首長が管理・執行する場合の事務を「特定事務」、その地方公共団体を「特定地方公共団体」、その社会教育機関を「特定社会教育機関」、その公民館・図書館を「特定公民館」「特定図書館」という新たな法概念を導入して首長が管理・執行する法体制を築こうとしたわけである。

そこで、まず、第一に指摘しなければならないのは、そもそも「特定地方公共団体」という憲法に規定された地方自治の根幹にかかわる概念をこのような「法改正」によって安易に導入することが許されるのか、という問題である。「公立社会教育施設」の管理形態に限定しているとはいえ、憲法第一四条（法の下の平等）の精神からいっても、また憲法上規定された人権としての教育権・学習権をすべての住民に普遍的に保障するという社会教育行政の役割からいっても極めて問題があるといえよう。「特例」どころか自治体条例による「特定」概念の導入によって憲法・教育基本法・社会教育法制から公立社会教育施設を容易に離脱させうる法改正案なのである。

2　「本件特例を設ける場合の社会教育の適切な実施の確保のための担保措置」について

「特例」とは「一般の場合を律する法令又は規定に対して、特殊の場合を律する法令又は規定をいう」（『法令用語辞典』学陽書房、一九九〇年）とされる。「答申」は「議論された担保措置の例」として、①地方公共団体の長が公立社会教育施設の管理運営の基本的事項について規則を制定する際には、あらかじめ教育委員会の意見を聴くこととする。②教育委員会は、公立社会教育施設の設置・管理・運営について必要と認めるときには地方公共団体の長に意見を述べることができることとする。その際、総合教育会議や社会教育委員の活用も考慮することとする。③公立社会教育施設の事業の実施内容については、社会教育に関し見識のある者から構成される会議を設置し、地方公共団体の長又は教育委員会に意見を述べることとする。の三点を挙げている。①については、地方教育行政法第三三条第三項（新設）、社会教育法第八条の二（新設）において法制化し、②については、社会教育法第八条の三（新設）において法制化しているが、③については法制化されなかった。文科省は二〇一八年、内閣府地方分権改革推進室からの検討要請に対する第二次回答（二〇一八年一〇月三日）において「地方分権改革」に関するこれまでの方針に反しない旨回答しているので、③については、「地方分権改革」上できなかったといってよい。そもそも「担保措置」自体が自治体を「しばる」ものであって「地方分権改革」と矛盾するという本質を持たざるを得ないからである。

3　首長による職員任命と公民館運営審議会委員・図書館協議会委員の委嘱・任命について

「改正案」は、「特定公民館」「特定図書館」においては首長が職員を任命し（社会教育法第二八条、図書館法第一三条）、さらに公民館運営審議会委員、図書館協議会委員も首長が委嘱・任命するとしている（社会教育法第三〇条、図書館法第一五条）。社会教育職員や、さらに社会教育施設における住民参加・住民自治を保障する制度的保障である公運審委員や図書館協議会委員までもが首長任命になれば、「行政的な視点が優先され、学習に関する住民の自主性・自発性が阻害される」（「答申」）危険性が生まれることは容易に想像される。「観光・地域振興分野やまちづくり分野」をめぐっては住民の間には多様な意見があるのであって、公民館・図書館・博物館においては住民の学習の自由が最大限保障されなければならない。その自由な学びの公共空間においてこそ地域づくりを担う住民自治力が豊かに形成されるからである。そして住民の学びを支える公民館主事・図書館司書・博物館学芸員は、自らの専門性に基づいた自由で自律的な社会教育労働が保障されてこそ住民の生涯にわたる学習の自由と権利を保障していくことができるからである。

注

（1）長澤成次「公立社会教育施設の首長部局移管問題と『第九次地方分権一括法』」『月刊社会教育』二〇一九年四月号、国土社を参照されたい。

（2）二〇〇七年改正については「今回の改正は、スポーツ及び文化行政について、地域の実情や住民のニーズに応じて、『地域づくり』という観点から他の地域振興等の関連行政とあわせて地方公共団体の長において一元的に所掌することができることとする趣旨から行うものである」（平一九・七・三一文科初五三五事務次官）とされた。

（3）なお博物館法「改正」案には「特定博物館」という文言は見当たらない。

（4）長澤成次、前掲論文、五六、五七頁を参照。

Ⅱ

公民館をめぐる歴史・政策動向と自治体社会教育行政

第5章　「新憲法の精神を日常生活に具現するための恒久的施設」としての公民館

「新憲法の公布を機として国民の一人々々はよく新憲法の真意義を理解して、新憲法に示された原則に基づき、相互の人格を尊重し、自由と平等の立場に於て各々その義務を尽し、以て平和国家の建設に寄与せねばならぬ。今般、本省に於ては、新憲法公布の目的を達成せるために、全国各町村に、新憲法精神普及講座を委嘱開設して、一般国民に対して強力にその精神の解明浸透を計ると共に、尚この機会に、町村民に対し新憲法の精神を日常生活に具現するための恒久的施設として特に適当なる町村を選んで、公民館の設置を促進し、之が活動を積極的に助成することとなり、この経費の一部として、左記金額を補助公布することとなったので、別紙注意事項を参照の上、之が実施について遺憾なきを期せられたい」（昭和二二年一月二〇日発社第六号「新憲法発布記念公民館設置奨励について」社会教育局長より。傍点筆者）[1]。

はじめに

冒頭にかかげたこの文書は、一九四七年一月二〇日に発出された「新憲法発布記念公民館設置奨励について」（文部省社会教育局長通達）である。

憲法改正を掲げる安倍内閣によって、集団的自衛権をめぐる閣議決定（二〇一四年七月）とそれに続く安保法制（戦争法）の強行採決、名護市辺野古における米軍新基地建設、原発再稼働など、そして二〇一四年六月には「梅雨空に『九条守れ』の女性デモ」という俳句の公民館だよりへの掲載が拒否されるという事件がさいたま市で起こった。(2) 憲法精神を日常生活に具現する施設どころか、むしろ憲法で保障された基本的人権を否定する事例が各地の公民館で生まれつつある。このような人権と立憲主義をめぐる危機的状況が深化するなか、本稿では、上からの行政指導という限界を持ちつつも新憲法の普及に取り組んだ当時の文部省の動きと戦後初期の優良公民館での憲法普及活動を紹介する作業を通じて、公民館における憲法学習の意義について言及しようとするものである。

1　新憲法普及と文部省社会教育行政の展開

文部省の動きに入る前にあらためて日本国憲法制定過程をたどってみよう。一九四五年八月一四日に日本政府はポツダム宣言（一九四五年七月二六日）受諾を決定。同宣言では、「世界征服ノ挙ニ出ツル者の権力及勢力ハ永久ニ除去セラレサルヘカラス」（六）、「日本国政府ハ日本国国民ノ間ニ於ケル民主主義的傾向ノ復活強化ニ対スル一切ノ障礙ヲ除去スヘシ言論、宗教及思想ノ自由並ニ基本的人権ノ尊重ハ確立セラルヘシ」（十）などの文言が見られる。八月一四日の天皇による「終戦の詔勅」では明確に「朕ハ帝国政府ヲシテ米英支蘇四国ニ対シ共同宣言ヲ受諾スル旨通告セシメタリ」としながらも、一方では「……米英二国ニ宣戦セル所以モ亦実ニ帝国ノ自存ト東亜ノ安定トヲ庶幾スルニ出テ他国ノ主権ヲ排シ領土ヲ侵スカ如キハ固ヨリ朕カ志ニアラス」とも書かれていた。現安倍政権における歴史修正主義の流れの原点をみる思いである。同年一〇月一三日には幣原喜重郎内閣のもとに憲法問題調査委員会が設置され、マッカーサー草案の日本側への手交（一九四六年二月一三日）とその後の日本側との折衝を経て、政府は六月二〇日に帝国議会衆議院に「憲法改正草案」を提出。八月二四日に若干修正のうえ可決し貴族院に送付、一〇月七日に衆議院が貴族院による修正案を可決、一〇月一一日に天皇が帝国憲法改正案を枢密院に諮詢、一〇月二六日に枢密院が諮詢案を可決。一一月三日に天皇の裁可を経て日本国憲法公布、一九四七年五月三日に日本国憲法施行というプロセスをたどった。[3]

このような流れのなかで文部省の新憲法普及に対する動きは早い。憲法改正草案がいまだ衆議院で審議中の一九四六年八月九日に「都道府県社会教育所管課長並に事務官協議会に関する件（昭和二一年八月九日発社一四八号社会教育局長ヨリ各地方長官宛）を発出し、八月二九日・三〇日の両日にわたって文部省四階会議室にて「新憲法精神の普及徹底に関する件」「公民館の設置運営に関する件」他一一件の「指示事項」を挙げ、「協議懇談事項」として「新憲法精神の普及徹底策に関する件」「公民館の設置運営の促進策に関する件」他二件が挙げられている。初日には「新憲法に就いて」と題して東京帝国大学教授・宮澤俊義氏の講義も行われている。さらに八月一六日には「新憲法精神普及徹底運動実施準備について」（発社一五三号文部次官ヨリ各地方長官宛）を発出している。以下、長いが引用してみよう。

「憲法改正案は目下帝国議会に於て審議中であり、近く成立の運びに至ることは既定の事実であるが、この憲法の適正なる運用施行こそは我が国の民主的甦生の成否を決するものであり、改正憲法の精神が真に国民一人一人にまで浸透して国民の生活態度の中に生かされることが必要であると思はれ、新憲法発布を契機として真に有効適切な新憲法精神普及徹底の国民運動が展開されんことを期待し、政府としても之に対する強力なる支持援助をなすべく計画中である。就ては各地方に於ても地方の自主的運動として適切な計画をもって時期を逸せず活発なる運動を展開するやうに準備を進められんことを希望し管下各市町村、各種団体、その他関係方面とも連絡をして必要なる措置を取られんことをお願ひする。尚憲法発布の日は未確定であるが凡そ九月中、下旬となるものと思はれるから発布当日の行事其の他についても準備を進められ度、中央に於ける計画は近く掲示されることと思ふが取敢えず右趣旨を伝達する次第である(4)」。

日本国憲法公布後の一九四六年一二月二三日には「新憲法精神普及徹底都道府県所管課長協議会」（座長・柴沼社会教育局長、総理大臣官邸大会議室）が開催され、「文部省関係指示事項」として、一　憲法普及会の設立について、(5)二　新憲法公布記念公民館の設置奨励並に公民館に於ける新憲法精神普及講座の開設について、(6)三　公民館経営と生活保護法による保護施設との関係について、四　大学高等専門学校新憲法精神普及講座の開設について、五　学校父兄会の指導について、六　純潔教育の実施について、七　教育映画の審査等について、が出されている。(7)

本稿の冒頭に掲げた一九四七年一月二〇日付け「発社六号」は、まさに「二」に対応しており、「大学、高等専門学校、師範学校」を対象にして出された「新憲法精神普及教養講座委嘱開設について」（一九四七年一月三〇日発社九号社会教育局長）は「四」に対応していることがわかる。特に公民館を対象にした「発社六号」が「本講座の内容としては、新憲法の普及徹底を主眼とし、明治憲法との相違を明らかにして、特に国民主権、戦争放棄、基本的人権（婦人参政権問題を含む）、政治機構等に就き理解せしめ、新憲法施行に於ける正しい公民としての責任と任務とを明らかにすること」(8)としているのに対して、「発社九号」は講義内容として「新憲法精神の普及徹底及び新憲法の実施に伴う社会諸制度の変革の意義の了得に資すると共に、民主主義精神の涵養、殊に国民の自治的傾向の啓培に適切な内容を選び、特に左の諸点に留意すること」として「イ、新憲法精神の全体的把握に資するもの」（この内容はほぼ「発社六号」と同じ。筆者注）「ロ、新憲法の歴史的意義の理解に資するもの、特に明治憲法その他諸外国憲法との比較に留意すること」「ハ、新憲法の実施に伴い確立せられる地方自治の振興に資するもの」「二、新憲法の実施に伴う社会生活上の変革に関するもの、竝にそれに処する国民の人生観、世界観の確立に関するもの」(9)として、知識層に対するより高度な内容を示しているのが注目される。

2　戦後初期の公民館における憲法講座の展開

寺中作雄は「公民館運動の現状に考える」(文部省社会教育局　寺中作雄・鈴木健次郎『公民館はどうあるべきか　公民館シリーズ第六集』一九四八年五月二〇日)という論稿のなかで、「公民館運動を推進したものは何か」と問うて、第一に「公民館の主体性」、第二に「公民館運動が終戦後の青年団活動と結びついたこと」、第三に「公民館の建物施設としてはむしろ既設設備の活用が奨励されたこと」、第四に「ささやかではあるが公民館建設設置奨励のための助成方策が政府の側から与えられこと」「しかしいわば本当の奨励金的な性格のものであって、これを資金として公民館を設立し運営するという性質のものではない。……ともかく政府が公民館事業の推進に至大の関心と熱意をもっていることは事実である」と述べ、そして第五に、「ことに文部省後援の下毎日新聞社と生活科学化協会が中心となって優良公民館の表彰が行われたことは公民館運動推進上大きな刺激となった」と指摘している。昭和二二年一一月三日の優良公民館表彰は新憲法実施一周年記念として行われたもので、優良公民館四館、準優良公民館八館のあわせて一二館であった。

ここで同冊子に掲載されている一二館のうち、憲法に関わる事業を実施していた事例をあげてみよう。「土曜会」で「新憲法と団体」を取りあげまた「新憲法の普及には特に力を入れ東北大学教授を招聘して五回憲法講座を行った秋田県北秋田郡大舘町公民館、教養部で「新憲法講演会」を実施した島根県簸川郡遥堪村公民館、教養部事業として「憲法普及講座」を実施した福井県敦賀市敦賀公民館、である。

一九四八年（昭和二三年）に入ると、優良公民館表彰は文部省主催で行われるようになり一〇館が表彰されている。その活動内容については文部省公民館研究会『優良公民館実例集　公民館シリーズ第八集』（一九四九年四月一一日、社会教育連合会）に詳しいが、同冊子から同じく憲法関係事業を拾うと、五月三日の憲法実施の記念日の成年式村民大会で「農村恐慌に処する方途と新憲法と結婚問題の二つをテーマとする合同討論会」を行った広島県山縣郡雄鹿原村中央公民館、「町の民主化にいい影響を与えたもの」として「憲法普及青空展覧会」（街頭で開いたこの会は参加者一万五〇〇〇人を動員）、「毎日曜ごとに開いた憲法講座」などが挙げられた兵庫県城崎郡日高町公民館、毎月の社会学級・青年学級のほか五月に「憲法記念講演会」を計画した宮崎県西諸縣郡飯野町大河平公民館などである。

文部省優良公民館表彰は一九五一年度（昭和二六年）で四回目を迎える。その段階で刊行されたのが公民館研究会編『優良公民館の実態　公民館運営双書四』（一九五二年九月一日、大蔵省印刷局）である。同書から憲法講座が散見される公民館をあげてみると、月別行事に「憲法発布記念講演会」を位置づけている青森県下北郡大湊町公民館、成人講座の日程に「憲法と民法」を組み、青年学級社会科プログラムの題目として「憲法」（一、憲法とは、二、明治憲法と昭和憲法、三、新しい憲法の特徴、資料／私達の憲法新憲法のはなし）を位置づけ、「憲法結婚式（公民館結婚式）の普及実施」を挙げた福島県信夫郡飯坂町公民館、冬期青年教養講座（自一一月至三月）の「公民、社会」として「憲法の解説」を位置づけている新潟県北蒲原郡葛塚町公民館、「公民館設置年月日　昭和二二年　憲法発布記念松原村公民館」と記録され、「松原村公民館教養部五か年館事業計画表」に「憲法の研究」を位置づけている岡山県川上郡松原村公民館、などである。

3　すべての公民館で憲法学習を

公民館を法的に規定している社会教育法（一九四九年）は、日本国憲法・旧教育基本法（一九四七年）・旧教育委員会法（一九四八年）等を受け、戦前の侵略戦争遂行に組み込まれた社会教育を深く反省し、広く学校教育以外において、社会教育の自由と自治を中核にすえて、権利としての社会教育を保障しようとしたものである。しかし、戦後日本の公民館史は、多くの公民館関係者による社会教育の自由と権利を守る「国民の不断の努力」（憲法第一二条）の歴史でもあったといってよい[10]。そして、いま、公民館をめぐっては、前述したさいたま市九条俳句不掲載事件、社会教育施設への指定管理者制度導入の圧力、安倍内閣「骨太の方針」による「公的サービスの産業化」と「公共施設再生計画」、地方教育行政法「改正」による教育委員会への首長権限強化、地方創生政策のもと地域学校協働政策による社会教育主事養成の見直しと社会教育法改正による「地域学校協働活動推進員」新設等、公民館をめぐる課題は山積している。憲法改正が最大の政治課題に浮上している今だからこそ戦後初期の公民館における憲法学習に続く新たな憲法学習運動を提唱したい。

注

（1）文書番号については、横山宏・小林文人編著『公民館史資料集成』エイデル研究所、一九八六年に掲載されている資料（一二九頁から一三四頁）では確認できず、同書一三四頁の「公民館関係者の粛清について」（昭和二二年五月三〇日、初社一一五号、社会教育局長より知事）における「昭和二二年一月二〇日、発社六号、新憲法公布記念公民館設置奨励について」という文言で確認した。

（2）「九条俳句不掲載損害賠償等請求事件」として俳句の作者が原告となって裁判が起された。二六人の弁護団のもと、「九条俳句」市民応援団・「学習の自由と公民館」に関する教育研究団体等連絡会議（日本社会教育学会、日本公民館学会、社会教育推進全国協議会、社会教育・生涯学習研究所）が組織され、原告支援の運動が進められた。本書五三頁の注（1）参照。

（3）芦沢斉・市川正人・坂口正二郎編『別冊法学セミナー　新基本法コンメンタール　憲法』日本評論社、二〇一五年、四頁を参照。なお、九条提案は幣原首相からマッカーサーGHQ最高指令官になされたことを裏付ける資料については堀尾輝久「いま憲法について考える」『経済』二〇一七年三月号、新日本出版社を参照のこと。

（4）文部大臣官房文書課『終戦教育事務処理提要　第三集』昭和二四年三月、五六七頁。

（5）憲法普及会千葉県支部で働いた遠藤健郎さん（画家、元千葉市教育委員会社会教育課長）によると、千葉県内の村々をまわったがなかなか人が集まらなかったというお話しを伺ったことがある。千葉県公民館連絡協議会研究委員会による聴き取り調査。二〇〇三年一〇月一一日、千葉市黒砂公民館にて。
(6) 同通達による経費は「新憲法発布記念公民館設置奨励交付金」で内訳は「公民館教養部に於ける新憲法精神普及教養講座」とされた。総額は、三四五万二〇〇〇円で「一般町村（市及甲乙町村を除く）一〇〇円、特別助成町村（甲町村各二一〇〇円、乙町村各一一〇〇円）」とされた。甲町村とは、「町村民の自主的意欲と財力に依り、公民館運営の相当進捗している町村」を言い、乙町村とは、「公民館設置に就て積極的な希望を有し、既に之が準備に着手している町村を言う」としている。
(7) 上田幸夫氏（日本体育大学）提供による「初期公民館資料」より。
(8) 横山宏・小林文人編著、前掲書、一三〇頁。
(9) 詳しくは、文部大臣官房総務課『終戦教育事務処理提要　第四集』昭和二五年三月、二四〇頁を参照のこと。
(10) 千野陽一監修、社会教育推進全国協議会編『現代日本の社会教育　社会教育運動の展開』エイデル研究所、二〇一五年を参照。

第6章　公民館をめぐる政策動向と自治体社会教育行政の課題

1　二〇一四年地方教育行政法改正による首長部局の権限強化

自治体社会教育行政や公民館をめぐる今日的課題は首長部局と教育委員会をめぐる関係に焦点化されるといっても過言ではない。公民館の地域交流センターやコミュニティセンター等への再編、公民館への指定管理者制度の導入、公民館の有料化、あるいは公共施設再生計画のもとでの公民館再編をめぐって問われている問題は、実は、一般行政から独立した行政委員会である教育委員会の自主性が鋭く問われている問題でもある。

戦後の教育委員会制度は一九四七年教育基本法第一〇条（教育行政）を直接受けて制定された。すなわち一九四八年の旧教育委員会法第一条は「この法律は、教育が不当な支配に服することなく、国民全体に対し直接に責任を負って行われるべきであるという自覚のもとに、公正な民意により、地方の実情に即した教育行政を行うために、教育委員会を設け、教育本来の目的を達成することを目的とする」として公選制の教育委員会制度を発足させた。戦後の地方教育行政は、教育行政の民衆統制、地方分権、一般行政からの独立性を原理に進められたのであるが、残念ながら公選制教育委員会制度は、「教育の政治的中立」「教育行政と一般行政との調和」などを理由にした「地方教育行政の組織及び運営に関する法律」（以下、地方教育行政法と略す）の強行成立によって廃止させられ、首長が議会の同意を得て任命する任命制教育委員会に改編させられた。そして二〇一四年六月の地方教育行政法改正（施行は二〇一五年四月）によってさらに教育委員会制度は大きく変質させられることになった。

すなわち、教育長はこれまで教育委員会の任命であったが「改正」法では、それまでの教育委員会を代表していた教育委員長と教育長を兼ねた新教育長を首長が議会の同意を得て直接任命し、さらに首長が招集する総合教育会議（首長と教育委員会から構成）が設けられ、首長に「当該地方公共団体の教育、学術及び文化の振興に関する総合的な施策の大綱（以下単に「大綱」という）を定めるものとする」（第一条の三）として「大綱」の策定権まで付与している。これまでも任命制教育委員会のもとで実態として教育委員会の首長部局からの独立性は脆弱であったが、今回の改正によって教育委員会に対する首長の権限強化が新教育長・総合教育会議・「大綱」の策定のチャンネルを通じて作られたことは極めて重大である。特に筆者が注目しているのは総合教育会議における「協議」「調整」である。「調整された事項」については、会議の構成員である首長と教育委員会は「その調整の結果を尊重しなければならない」（第一条の四の八）と法的尊重義務を課せられた。たとえば公民館の首長部局移管や指定管理導入などを強く望む首長のもとでは、自らが任命した教育長（教育長は第五条で任期は三年と変更された）や総合教育会議及び「大綱」の策定を通じて施策やマニフェストを貫徹していく法的しくみを獲得したといえるのである。

2　地方創生下の公民館・社会教育をめぐる課題

このような状況に加えて自治体社会教育行政に大きな影響を与えつつあるのが地方創生政策である。二〇一四年一一月に公布・制定された「まち・ひと・しごと創生法」は、基本理念、国等の責務、政府が定める「まち・ひと・しごと創生総合戦略」等を定め、都道府県・市町村においても、政府の「総合戦略」を「勘案」して「地方版総合戦略」を定めるよう努力義務が課せられた。さらに政府は同法に基づいて二〇一四年一二月に「まち・ひと・しごと創生総合戦略」を定め、「基本的考え方」として「人口減少と地域経済縮小の克服」「まち・ひと・しごとの創生と好循環の確立」を掲げ、政策遂行手法としては、「適切な短期・中期の政策目標を伴う政策パッケージを示し、それぞれの進捗についてアウトカム指標を原則とした重要業績評価指標（KPI：Key Performance Indicator）で検証し、改善する仕組み（PDCAサイクル）を確立」するとしている。

「骨太方針二〇一六」では「先進自治体の経費水準の基準財政需要額算定への反映（いわゆるトッ

プランナー方式）の導入」がめざされ、すでに総務省「経済・財政一体改革の具体化・加速に向けた地方行財政の取組について」（二〇一五年一一月）では、二〇一七年度以降、「業務改革の内容」として「指定管理者制度導入等」を明記して図書館管理、博物館管理、公民館管理、児童館・児童遊園管理、青少年施設管理などの公共施設にトップランナー方式の導入が議論されている。(1) なお、公民館については、政府の「総合戦略」に位置づけられている「中山間地域等における『小さな拠点』（多世代交流・多機能型拠点）の形成」との関連で、総務省において「地域の課題解決のための地域運営組織に関する有識者会議」（小田切徳美座長）が組織され、最終報告「地域の課題解決をめざす地域運営組織―その量的拡大と質的向上に向けて―」が出されている。そこでは、中山間地の人口減少・過疎化に対応して地域運営組織（RMO：Region Management Organization）への注目がなされ、公民館への期待も高いことが読み取れる。しかし、今日の国・自治体における社会教育行政・施策は国の地方創生をキーワードにした「政策パッケージ」に位置づけられ、「選択と集中」による地方財政措置を通じての自治体公共施設再編や地域再編が今以上に国土の不均等発展を生み出していく危険性がある。本来、「地方が自ら考え、責任をもって取り組むことが何よりも重要である」（まち・ひと・しごと創生総合戦略二〇一四）にもかかわらず、現実には、地方創生型まちづくり行政に自治体社会教育行政が包摂されていく事態も予想される。

3　地域学校協働答申に基づく二〇一七年社会教育法改正

中央教育審議会は、二〇一五年一二月に（1）「新しい時代の教育や地方創生の実現に向けた学校と地域の連携・協働の在り方と今後の推進方策について」（いわゆる地域学校協働答申）、（2）「チームとしての学校の在り方と今後の改善方策について」、（3）「これからの学校教育を担う教員の資質能力の向上について―学び合い、高め合う教員養成コミュニティの構築に向けて―」の三つの答申を出す。これらの答申は相互に関連しているが、三つの答申を受けて、二〇一六年一月二五日に当時の馳浩文部科学大臣による決定、いわゆる馳プラン（「次世代の学校・地域」創生プラン―学校と地域の一体改革による地域創生―）が出された。地域学校協働答申は、文部科学省によれば「地域と学校が連携・協働して、地域全体で未来を担う子供たちの成長を支えていく活動＝「地域学校協働活動」を積極的に推進」し、「従来の個別の活動の充実、総合化・ネットワーク化を図り、『支援』から『連携・協働』を目指す新たな体制として『地域学校協働本部』を整備」することをめざすものである。

答申では「統括的なコーディネーターと社会教育主事との連携」の項目において「都道府県及び市町村の教育委員会に置かれる社会教育主事は、社会教育を行う者に対して専門的技術的な助言・指導や、教育委員会主催の社会教育事業の企画・立案等の職務を担っており、地域と学校の協働活動が円滑に進むよう、地域コーディネーターや統括的なコーディネーターとなり得る人材を見いだし、育成したり、積極的に情報共有を図ったりすることが望まれる。今後、このような地域学校協働活動に関することを含め、さらに、社会教育主事に必要な資質や養成・研修の在り方について検討を行っていくことが必要である」と指摘している。

ところで、この間の日本における社会教育政策の大きな特徴は、社会教育行政における学校教育支援・家庭教育支援行政へのシフトである。たとえば、二〇〇八年社会教育法改正のなかで、学校支援に関わっては、第九条の三（社会教育主事及び社会教育主事補の職務）に新たに「2　社会教育主事は、学校が社会教育関係団体、地域住民その他の関係者の協力を得て教育活動を行う場合には、その求めに応じて、必要な助言を行うことができる」が加えられたが、今回の地域学校協働答申を受けて二〇一七年三月末に「義務教育諸学校等の体制の充実及び運営の改善を図るための公立義務教育諸学校の学級編制及び教職員定数の標準に関する法律等の一部を改正する法律」によって社会教育法が改正され、第九条の七（地域学校協働活動推進員）「教育委員会は、地域学校協働活動の円滑かつ効果的な実施を図るため、社会的信望があり、かつ、地域学校協働活動の推進に熱意と識見を有する者のうちから、地域学校協働活動推進員を委嘱することができる。2　地域学校協働活動推進員は、地域学校協働活動に関する事項につき、教育委員会の施策に協力して、地域住民等と学校との間の情報の共有を図るとともに、地域学校協働活動を行う地域住民等に対する助言その他の援助を行う」という条文が新設された。

地域学校協働活動推進員制度の新設をめぐっては、公民館主事制度や社会教育主事制度との関係においてもっと本質的な議論がなされるべきであり、第九条の七の二項における「教育委員会の施策に協力し」（傍点筆者）という文言は、第九条の三（社会教育主事及び社会教育主事補の職務）や第一〇条（社会教育関係団体の定義）、第一一条（文部科学大臣及び教育委員会との関係）、第一二条（国及び地方公共団体との関係）に規定されている社会教育の自由との関係で重大な法的疑義を有していると筆者は考えている。

4　二〇一八年二月二八日社会教育主事講習等規程一部改正の問題点

前述の馳プランにおいて「社会教育に中核的な役割を果たす社会教育主事が、地域学校協働活動の推進など重要な社会教育の課題に対応した資質・能力を身に付けられるよう、社会教育主事講習の科目の見直しを行う」（平成二八年中を目途に社会教育主事講習等規程を改正）とされていた。その後、中央教育審議会生涯学習分科会、国立教育政策研究所社会教育実践研究センター、文部科学省などにおいて社会教育主事養成に関する見直しが進められ、二〇一七年八月二三日に中央教育審議会生涯学習分科会に見直し案が提示され、「パブリックコメント」の手続きを経て二〇一八年二月二八日に文部科学省生涯学習政策局長から「社会教育主事講習等規程の一部を改正する省令の施行について（通知）」（二九文科生第七三六号平成三〇年二月二八日。以下「通知」と略す）が関係機関に発出された。同「通知」によれば「……社会教育主事がＮＰＯや企業等の多様な主体と連携・協働して、社会教育事業の企画・実施による地域住民の学習活動の支援を通じて、人づくりや地域づくりに中核的な役割を担うことができるよう、その職務遂行に必要な資質・能力を養成するため、社会教育主事講習及び大学（短期大学を含む、以下同じ）における社会教育主事養成課程の科目の改善を図る。また、社会教育主事講習等における学習成果が広く社会における教育活動に活かされるよう、社会教育主事講習の修了証書授与者は『社会教育士（講習）』と、社会教育主事養成課程の修了者は『社会教育士（養成課程）』と称することができることとする」とされている。

主な改正点は、社会教育主事講習においては、現行の生涯学習概論二単位・社会教育計画二単位・社会教育演習二単位・社会教育特講三単位・計九単位が、社会教育計画が廃止されて生涯学習支援論・社会教育経営論が新設されて八単位（生涯学習概論二単位・生涯学習支援論二単位・社会教育経営論二単位・社会教育演習二単位）へ、大学における社会教育主事養成課程では、社会教育主事講習と同様、社会教育計画が廃止されて二つの科目が新設され、社会教育実習一単位が必修化された。今次改正をめぐって検討すべき論点は多岐にわたるが、ここではまず前提として社会教育主事養成の歴史を振り返ってみよう。

戦後における社会教育主事制度は、教育委員会法施行令（一九四八年）で「社会教育主事は、上司の命を受け、社会教育に関する視察指導その他の事務を掌る」と定められていたが、一九四九年の社会教育法制定時には盛り込まれず（資料編の立法時社会教育法を参照のこと）、一九五一年に社会教育主事（補）規定が新設された。新設された社会教育主事制度（第九条の二）は、「社会教育主事は、社会教育を行う者に専門的技術的な助言と指導を与える。ただし、命令及び監督をしてはならない」として社会教育の自由の原理と専門性に裏づけられた自律した職務を規定するという積極面を持った。しかし、社会教育主事が重視されて公民館主事制度が軽視される始まりになったこと、経過的措置として社会教育主事講習を導入するなど、歴史的制約や課題を抱えての出発であった。「社会教育主事講習等規定」（一九五一年）は、その後、改正を重ね、社会教育主事講習においては、一五単位（一九五一年）、一三単位（一九五九年）、一〇単位（一九六九年）、九単位（一九八七年）そして今回の八単位（二〇二〇年）へと単位数が減少し、大学において習得すべき単位数は三〇単位（一九五三年）から二四単位（一九六七年）へとそれぞれ減少している。なお、一九五三年の社会教育主事講習等規定一部改正省令において、はじめて「大学において習得すべき社会教育に関する科目」三〇単位が規定されたとき、当時の文部省は改正趣旨について「現行の社会教育主事講習が現職者を再教育し、社会教育主事としての資格と能力を附与せんとするものであるのに反して、これは将来社会教育主事となるために大学において専門に社会教育を専攻せんとする者を対象として定められたものであり、この正規の課程を経て来た者こそ、真の社会教育を担い得るものと考えられる」（文部省社会教育局編『社会教育の現状　昭和二八年度』二〇五頁、傍点筆者）と述べていた。いわゆる社会教育法「大改正」（一九五九年）では、社会教育主事を市町村必置とし、養成に関わっては、第九条の五（社会教育主事の講習）から「教育に関する学科又は学部を有する」を削り、「その他の教育機関」（現在においては国立教育政策研究所社会教育実践研究センター）を加えて大学以外での社会教育主事講習への道を開いた。日本社会教育学会は特別委員会を設置し「社会教育主事の養成は現行法どおり大学が行うのが正当であり、文部大臣が独自に養成する道を開いたのは改悪である」と報告している。

現在、私学も含めて多くの大学で社会教育主事が養成されているにもかかわらず、もともと経過措置として始まった短期養成型社会教育主事講習が六八年間もつづき、さらに今回、講習の単位数が九単位から八単位に削減されたことは社会教育主事の専門性を高める方向とは逆の方向と言わざるを得ない。また公民館主事との関係でいえば、社会教育法第二七条（公民館の職員）は周知のように「公民館に館長を置き、主事その他必要な職員を置くことができる」と規定され、館長は必置規定であるが、（公民館）主事は任意設置のまま五〇年近くも据え置かれてきている。日本の代表的社会教育施設である公民館に働く職員をめぐる法的整備や専門職化について国と文部科学省はその検討すら行わない状況が続いており、むしろ公民館設置運営基準における職員規定を改悪してきた歴史がある。(2)

公民館主事と社会教育主事をめぐる現実の問題構造は実に複雑であってすぐに解答がでるものではないが、あらためて教育機関としての公民館に配置される公民館主事の専門性を担保するための法的整備と自治体における諸努力を追究しつつ、教育委員会事務局に配置される社会教育主事の専門性をめぐっての議論を深めていくことが求められている。

たとえば、教育公務員特例法第二条で指導主事とならんで専門的教育職員と位置づけられている社会教育主事は行政職員であって、社会教育委員の職務である「社会教育に関する諸計画を立案すること」（社会教育法第一七条）を専門的にサポートする意味でも「社会教育計画」の科目が廃止されたことは致命的である。替わりに新設された「社会教育経営論」では、たとえば「『社会教育行政の経営戦略』又は『社会教育施設の経営戦略』においては、厳しい財政状況にあっては社会教育事業の具体化を図るため、クラウドファンディングなど多様な手法による資金調達について取り扱うこと」と「通知」の「留意事項」に掲げられている。馳プランにおける地域学校協働推進の文脈ではじまった社会教育主事講習等規程の見直しは、それらを超えて新自由主義的国家戦略をすすめる要員としての社会教育主事の職務の再定義につながる危険性を感じている。

注

（1）日本図書館協会は森茜理事長名で総務大臣・文部科学大臣あて「図書館に係る地方交付税算定におけるトップランナー方式導入に強く反対します」（二〇一六年九月六日）という文書を発出している。

（2）「公民館の設置及び運営に関する基準」（一九五九年）第五条一項は「公民館には、専任の館長及び主事を置き、公民館の規模及び活動状況に応じて主事の数を増加するように努めるものとする」となっていたが一九九八年の地方分権推進委員会勧告を受けて「専任の館長及び主事を置き」から「専任の」が削除され、さらに二〇〇三年六月六日の全面改訂では「公民館に館長を置き、公民館の規模及び活動状況に応じて主事その他必要な職員を置くよう努めるものとする」（第八条）となって、主事の必置規定と主事数増加の努力義務が削除された。

第7章　公民館への指定管理者制度導入における問題点と課題

――千葉市公民館を事例に

はじめに

指定管理者制度が二〇〇三年に地方自治法改正によって誕生してから一六年が経過した。同制度をめぐってはさまざまな角度から検討されてきたが[(1)]、本稿の目的は、あらためて指定管理者制度をめぐる法的問題点に言及するとともに、主要には千葉市における指定管理者制度導入プロセスを対象にして、そこで問われた問題点と課題を浮き彫りにすることである。

公民館への指定管理者制度導入をめぐる全国的状況については、文部科学省による社会教育調査が詳しい。二〇一五年度同調査によれば、一四八三七館中（類似施設も含む）、一三〇三館（導入率八・八%）に指定管理者制度が導入されており、その内訳は、三五〇館（地縁による団体）、二八七館（一般社団法人・一般財団法人・公益社団法人・公益財団法人）、一〇一館（会社）、四二館（NPO）、五二三館（その他）となっている。「その他」を除くと「地縁による団体」（自治会、町内会等）が二六・九％で一番多い[(2)]。

千葉県内においてもすでに二〇一六年四月現在、野田市・市原市・白井市・習志野市・流山市・我孫子市・四街道市の七市二五館に導入されている。本稿が対象とする千葉市においては、二〇一七年千葉市議会第二回定例会（6月議会）において、千葉市公民館へ指定管理者制度を導入するための「千葉市公民館設置管理条例の一部改正について」が可決され[(3)]、第三回定例会（九月議会）において「指定管理者の指定について（千葉市花園公民館ほか四六施設）」が議決された。二〇一八年四月から千葉市公民館四七館の管理は、一括して「公益財団法人　千葉市教育振興財団[(4)]」が指定管理者として行うことになったのである。

1　指定管理者制度をめぐる法的問題点

指定管理者制度は、前述したように二〇〇三年の地方自治法改正によって導入された。総務省自治行政局長通知（二〇〇三年七月一七日）によれば「今般の改正は、多様化する住民ニーズにより効果的、効率的に対応するため、公の施設の管理に民間の能力を活用しつつ、住民サービスの向上を図るとともに、経費の節減等を図ることを目的とするものであり」とされ、同通知では「道路法、河川法、学校教育法等個別の法律において公の施設の管理主体が限定される場合には、指定管理者制度を採ることはできないものであること」とされていた。

地方教育行政法第二一条（教育委員会の職務権限）は、「教育委員会が所管する第三〇条に規定する学校その他の教育機関（以下「学校その他の教育機関」という）の設置、管理及び廃止に関すること」（傍点筆者）と規定している。同法第三〇条（教育機関の設置）は、公民館を学校とともに明確に教育機関として法的に位置づけているのであって、公民館の管理主体が教育委員会であることは法的に明確である。

二〇〇三年地方自治法改正時、当時の片山総務大臣は「個別法があればそれが優先する……」（第一五六回国会総務委員会、二〇〇三年五月二七日）と答弁している。地方自治法第一八〇条の八は「教育委員会は、別に法律の定めるところにより、学校その他の教育機関を管理し、学校の組織編制、教育課程、教科書その他の教材の取扱及び教育職員の身分取扱に関する事務を行い、並びに社会教育その他教育、学術及び文化に関する事務を管理し及びこれを執行する」とされ、「別に法律の定めるところにより」との文言から、教育委員会制度を定めた地方教育行政法が通則法としての地方自治法の個別法と位置付けられることができよう。さらに前述の「学校教育法等個別の法律において公の施設の管理主体が限定される場合」という行政解釈を敷衍すれば、公民館を規定している社会教育法をはじめ図書館法・博物館法も「個別の法律」として解釈しうる。

ところが、文部科学省は、二〇〇五年一月二五日の所管部課長会議で「社会教育施設における指定管理者制度の適用について」という文書を配布し、そこでは「公民館、図書館及び博物館の社会教育施設については、指定管理者制度を適用し、株式会社など民間事業者にも館長業務も含め全面的に管理を行わせることができること」と示されていたのである。

千葉市教育委員会はこの文部科学省の文書（二〇〇五年一月二五日）を二〇一六年六月議会に提出した文書「平成二八年第二回定例会　陳情第四号『公民館への指定管理者制度の導入について（素案）』に関する陳情書について」（教育委員会生涯学習部生涯学習振興課）で援用しているが、適用できる論拠を文部科学省文書は「社会教育法第二八条及び地方教育行政の組織及び運営に関する法律第三四条が館長その他の職員の任命を教育委員会が行うことを定めているが、教育委員会の任命権は公務員たる職員を対象とするものであり、公民館、図書館、及び博物館に指定管理者制度を適用する場合において指定管理者が雇う者は公務員ではないことから、教育委員会の任命権の対象ではなく、したがって社会教育法第二八条及び地方教育行政法第三四条は適用されず、よって教育委員会による任命は不要であること」と述べていた。このような行政解釈は公教育を支える教育法体系を崩しかねないと筆者は考える。

その後、二〇〇六年の教育基本法「全部改正」を受けて二〇〇八年に社会教育法「改正」が行われたが、衆議院文部科学委員会・参議院文教科学委員会では全会一致で付帯決議が採択されている。衆議院の決議においては「一　国民の生涯にわたる学習活動を支援し、学習需要の増加に応えていくため、公民館、図書館及び博物館等の社会教育施設における人材確保及びその在り方について、指定管理者制度の導入による弊害についても十分配慮し、検討すること。また、その際、各地方公共団体での取組における地域間格差を解消し、円滑な運営を行うことができるよう様々な支援に努めること」とされた。特に「人材確保及びその在り方」について「指定管理者制度の導入による弊害」が指摘されたことは極めて重要である。

2　千葉市公民館の歴史

日本の公民館制度は、一九四六年七月五日の文部次官通牒「公民館設置運営について」によってその設置が全国に呼び掛けられ、日本国憲法、教育基本法、旧教育委員会法（公選制）、そして公民館を規定した社会教育法（一九四九年六月一〇日に公布・施行）によって、諸課題・諸矛盾を内包しつつも「整備」されてきた。

千葉市においては、社会教育法制定から、やや遅れて一九五四年五月二九日に千葉市地区公民館設置管理条例が施行され、同年、千葉市花園公民館（元住宅営団集会所を地元より寄付）、七月一日に千葉市犢橋《こてはし》公民館（犢橋村公民館［小学校講堂併用］を引き継ぐ）、七月六日には千葉市幕張公民館（幕張町公民館［小学校講堂併用］を引き継ぐ）という形で順次整備されていく。千葉市の中学校区に公民館を配置するという計画は、一九五九年の文部省告示「公民館の設置及び運営に関する基準」、一九六六年「千葉市総合開発計画」、一九七三年「千葉市長期総合計画」（中学校区単位に地区公民館を設けるものとする、と明記）などを契機として地域配置がすすむが、その体制が大きく変わるのが、一九九二年の政令指定都市への移行である。六つの行政区に中核となる公民館を設置することによって、二〇〇〇年四月から中核館・地区館体制に移行。それまで全館に配置されていた公民館運営審議会が区ごとに集約され、同時にすべての公民館に公民館運営懇談会が設置されることになった。館長は地区館については非常勤嘱託館長となった。同時にそれまで千葉市社会教育の中心的な役割を担ってきた千葉市社会センターが廃止され、二〇〇一年四月には千葉市生涯学習センターがオープン。同じ建物でありながら千葉市中央図書館は教育委員会の直営、生涯学習センターは千葉市教育振興財団へ民間委託され同時に有料化された。今回の指定管理者制度導入は、この段階ですでに布石が打たれたとみることもできよう(5)。

千葉市公民館は、「公民館は、地域の生活文化向上をめざし、市民ひとりひとりが豊かな人間性を培い、心豊かなまちづくりを進めるための教育機関です。千葉市では、中学校区に一館の公民館整備を進めており、現在四七館（内二一館に公民館図書室）が設置されています。各区に中核公民館（松ケ丘、幕張、小中台、千城台、誉田《ほんだ》、稲浜）を設置し、区内の公民館相互の連携を図っています」（千葉市ウェブサイトより(6)）と位置づけられている。

千葉市公民館は、①多彩な主催事業の展開と公民館サークルなど市民の公共的利用に供する活動、②中学校区に一館の公民館整備（四七館、うち二一館に公民館図書室）、③条例による無料規定（千葉市公民館設置管理条例第五条、市外の者は有料）、④公民館運営審議会（各区の中核公民館）と公民館運営懇談会の全館配置による公民館運営における住民参加や住民意思の反映、⑤公民館への正規職員配置と教育委員会直営、など、職員体制など課題を抱えながらも、地域に根差した公民館活動を展開してきた。

3　千葉市における指定管理者制度導入の経過

この千葉市公民館への指定管理者制度導入が課題になってくるのが、二〇〇九年六月に初当選した熊谷俊人市政のもと、二〇一二年三月の「千葉市新基本計画第一次実施計画　平成二四〜二六年度」において「事業の見直し：公民館の管理運営　指定管理者制度や施設利用にかかる公平な受益者負担の導入について検討します」が掲げられた時からであり、ここから教育委員会内部でも検討が始まる。(7)さらに公民館の指定管理者として千葉市教育振興財団の名称が登場するのが、平成二四年度第一回千葉市行政改革推進委員会（二〇一二年七月二日）における「外郭団体の組織及び運営の今後のあり方」（案）の参考資料「外郭団体の事務事業の見直し結果の概要」である。そこでは「新たに外郭団体が実施することとする事務事業（主な事業）」として教育振興財団においては「公民館管理運営事業（直営から指定管理事業へ）」が挙げられ、実施予定時期は平成二八年度とされたのである。千葉市の場合は、行政改革のなかでも「外郭団体の事務事業の見直し」から公民館の指定管理者導入問題が起こったといえよう。

しかしながら、たとえば、熊谷千葉市長のマニフェスト進捗状況（平成二七年度当初予算［案］時点）では、「公民館の新たな管理運営」における工程表で「地域団体と協議を行い、体制の整ったところについて、平成二八年度より、地域による公民館の管理運営を実施します」としつつ、「工程表からの変更点」として「ハード・ソフト両面にわたる公民館の管理運営全体について地域に取り組んでもらう予定であったが、各地域団体と調整の結果、主にソフト面について参画してもらうことになったため、「管理運営基準の提示」を「管理運営条件の協議」に、「事業計画書の作成」「管理運営者及び地域管理を行う公民館の決定」を「管理運営者、地域管理を行う公民館及び管理運営条件の決定」に変更する」との記述も見られる。教育振興財団への指定管理導入だけでなく、この段階では熊谷市長は地域団体への指定管理も考えていたことがわかる。

二〇一二年度（平成二四年）千葉市行政改革推進委員会での議論を受けて、同年七月二六日に開催された「平成二四年度第二回社会教育委員会議」から、教育委員会事務局（生涯学習振興課）による「指定管理者制度に関する考え方及び公民館に導入した場合に期待される効果等」や「有料化の状況」などの説明が開始される。その後、社会教育委員会議では六回の会議を経て、二〇一六年三月二五日に「公民館への指定管理者制度の導入について（素案）」（以下「素案」と略す）が示され、その後、二回の会議を経て[8]、五月三一日に社会教育委員会議「公民館における指定管理者制度の導入について（意見のまとめ）」が教育委員会に提出されている。

4　「千葉市公民館を考える会」と二〇一六年一二月議会での「陳情採択」

二〇一〇年ごろ、千葉市公民館の有料化問題を契機に設立された「千葉市公民館を考える会」は、この間、市民とともに一三回の公民館フォーラムを重ね（表を参照のこと）、二〇一四年七月には「（1）使用料無料の堅持を望みます。（2）公民館は指定管理者制度にはなじみません。（3）千葉市自らのすみやかな改善を望みます」という内容の「千葉市公民館についての提言」を千葉市長・千葉市教育委員会に提出。さらに「としょかんふれんず千葉市」と共催で「千葉市図書館・公民館フォーラム実行委員会」を立ち上げ、三回のフォーラムを実施している。

第二回目のフォーラムでは元総務大臣片山善博氏をお呼びするなど（二〇一四年一二月、二三〇人参加）、指定管理者制度の問題点を市民と共有すべく努力を重ねてきた。二〇一六年六月には千葉市議会議長あてに「公民館への指定管理者制度の導入については、拙速に決めることなく、じっくり時間をかけて慎重な審議を行うこと」を求める「『公民館への指定管理者制度の導入について（素案）』に関する陳情書」を署名二〇八三筆とともに提出。結果は、六月議会（六月一五日）において「継続審査」（千葉市議会教育未来委員会）。九月議会（九月九日）においても「継続審査」、そして一二月議会（一二月一日）では、自由民主党・日本共産党・市民ネットの賛成で「採択送付」されている。

資料１　千葉市公民館を考える会・公民館フォーラムの歩み（第１回から第13回）

回	内　容
第１回フォーラム 公民館で何ができる？ 2011年３月５日	基調講演　地域に学びをつくる公民館 千葉大学教育学部教授・長澤成次 事例発表　○学ぶことの喜びと楽しさ —公民館で学んで—　藤原昭美 ○クラブサークル活動の状況　原　亮一
第２回フォーラム これからの公民館を考える 2012年４月１日	コーディネーター：　千葉大学教育学部教授・長澤成次 報告１　千葉県内の公民館は東日本大震災にどう対応したか —千葉市を含む９市の聞き取り調査から— 千葉大学教育学部・押井希世華、長廻翔也 報告２　公民館と共に活動して 長作公民館クラブ連絡協議会・新田芳男 報告３　知りたい、学びたい市民の要求に答えてくれる 図書館に　としょかんふれんず千葉市・近藤周子 報告４　木更津の公民館体制と公民館事業について 木更津市波岡公民館・鈴木玲子 報告５　公民館での学び　公民館に携わって 千葉市新宿公民館・鈴木美佐子
第３回フォーラム 公民館の指定管理者制度を考える 2012年８月３日	基調講演　指定管理者制度は公民館になじむのか 千葉大学教育学部教授・長澤成次
第４回フォーラム 「こううんしん」ってなーに？ 2013年３月31日	基調講演　公民館運営審議会・懇談会の役割と課題 千葉大学教育学部教授・長澤成次 千葉市の公民館運営審議会・懇談会について 千葉市教育委員会生涯学習振興課公民館運営審議会 委員からの報告　白井進（中央区）　小島千鶴（若葉区） 西尾葉子（美浜区）　ほか
第５回フォーラム 公民館活動の今 2015年２月22日	基調講演　地域に広がる公民館活動 千葉大学教育学部教授・長澤成次 公民館活動事例発表 ①地域連携による縄文かるたの作成 若葉区桜木公民館・ほおじろパソコン倶楽部・長野和子 ②中学生が教えるパソコン講座 —ワードで年賀状を作成する— 稲毛区山王公民館・渡邉亮館長

	③郷土千葉を知り、あるこう 花見川区幕張公民館・鈴木武則館長 ④みどり寿大学　緑区誉田公民館・矢口和之館長 ⑤環境に配慮した公民館運営「生ごみの堆肥化への取り組み」　美浜区稲浜公民館・立石憲吾館長 ⑥自然農法にチャレンジ「生ごみ堆肥を作った野菜づくり」 中央区宮崎公民館・石川光平館長
第６回フォーラム 公民館活動の今 Part Ⅱ 2015年６月28日	基調講演　地域に広がる公民館活動 千葉大学教育学部教授・長澤成次 公民館活動事例発表 ①おとまりIN星久喜　中央区星久喜公民館・井原俊二館長 ②日本語会話サークルの活動 稲毛区小中台公民館・日本語会話サークル小中台 五味陽子 ③アトリウムの利用について　美浜区打瀬公民館・根本進館長 ④地域特性に配慮した事業運営―医療講座プラス1― 花見川区花見川公民館・小原規洋館長 ⑤公民館サークル活動と地域連携 若葉区大宮公民館・朗読サークルひびき　山川嘉之 ⑥子どもの居場所づくり 緑区おゆみ野公民館・山本勝巳館長
第７回フォーラム 市民が考える公民館!! 2016年２月７日	コーディネーター：千葉大学教育学部教授・長澤成次 第１部　市民からの提案 ①公民館事業・運営のこれから　河角恵子 ②公民館図書室の課題　鎌倉淑子 ③公民館経費の現状　山田京子 ④指定管理者制度とコンプライアンス　原　亮一 第２部　意見交換 第３部　まとめ
第８回フォーラム ワールドカフェで語ろう 公民館の魅力 再発見！ 2016年５月15日	お話　公民館の魅力“再発見” 千葉大学教育学部教授・長澤成次 ワールドカフェで語り合い　自分がしたいこと、 学びたいこと、公民館でしたいこと
第９回フォーラム 防災拠点としての 公民館を考える 2016年７月24日	第１部 基調報告　避難所としての公民館の可能性と課題 ―東日本大震災を事例に― 日本体育大学教授・ 川崎市社会教育委員会議議長・上田幸夫

	第２部　防災拠点としての公民館を考える ①千葉市防災計画と公民館　千葉市防災担当職員 ②地域防災会議と公民館　黒砂地域防災会議　池江麻里 ③熊本地震調査から―公民館の役割― 千葉大学教授　長澤成次
第10回フォーラム 高齢社会の中で考える 「私たちの公民館」 2017年1月21日	第１部 基調講演　少子高齢社会と公民館 ―くすりのむより公民館⁉― 帝京大学大学院公衆衛生学研究科教授　山本秀樹 第２部　ワークショップ　いっしょに作ろう公民館ビジョン
第11回フォーラム 千葉市の社会教育は これでいいの？ 2017年5月21日	1　図書館について　としょかんふれんず千葉市 ・みずほハスの花図書館について ・市長選挙を控え候補者への公開質問状と回答について 2　千葉市公民館への指定管理者制度導入問題で 問われているもの　千葉大学名誉教授・長澤成次 3　千葉市社会教育への提言　千葉市公民館を考える会
第12回フォーラム 公民館は、 どう変わるのか⁉ 指定管理者制度決定！ 2017年8月6日	1　社会教育施設である公民館の歴史を知ろう DVD上映　NHK首都圏ネットワーク「公民館と憲法」 2　指定管理って何？新しい条例改正案を読み解こう 千葉大学名誉教授・長澤成次 3　特別報告　岡山市の公民館の現状「地域課題と公民館」 岡山市公民館職員・吉田郁美
第13回フォーラム 千葉市公民館の これから 2018年8月5日	1　市民とともにあゆむ公民館を目指して 河野正行（公益財団法人千葉市教育振興財団理事長） 2　クラブ連絡協議会の活動から 森佐澄江（みつわ台公民館クラブ連絡協議会書記） 3　公民館運営審議会の活動から 竹内昌夫（花見川区公民館運営審議会委員長・千葉市社会教育委員） 4「平成30年度　主催事業」から考える 菊池まり（千葉市公民館を考える会・千葉市子育てサポーター） コメンテーター　長澤成次（千葉大学名誉教授）

5　千葉市公民館への指定管理者制度導入における問題点

「慎重審議」をもとめる「陳情」が「採択送付」されたものの、担当部局である教育委員会にはその結果が「報告」されただけであり「慎重審議」はされていない。陳情採択とは関係なく、教育委員会事務局は導入をめざして市民説明会を繰り返すことになる。(9) 二〇一七年六月議会では前述したように公民館条例が改正され、指定管理者制度導入に向けて一気に進むことになる。そこで問われたことを以下、三つ指摘してみよう。

(1)　事務局による「素案」の三度にわたる変更

前述したように二〇一六年三月二五日に社会教育委員会議に提出された「素案」をもとに、社会教育委員会議は五月三一日付けで千葉市教育委員会に「意見のまとめ」を提出するが、実は、二〇一六年六月一五日の教育未来常任委員会に提出されたのは「素案」ではなく、「素案」を一部訂正した「公民館への指定管理者制度の導入について（案）」であった。その後、二〇一六年一二月議会に提出した「公民館への指定管理者制度の導入について（案）」、さらに二〇一七年六月議会に提出された「公民館への指定管理者制度の導入の概要」（以下「概要」と略す）など、都合、三度にわたって変更を行っている。たとえば、二〇一六年六月議会に提出された「案」は、以下にみるように「素案」からの重大な変更がなされている。

①「素案」の「課題（公民館を取り巻く状況）」にあった「ウ　厳しい財政状況」が削除され、「ウ　適切な施設整備」に変更された。指定管理者制度は「経費の節減を図ることを目的とするもの」なのであって、この変更は指定管理者制度導入の前提が崩れたことになる。

②「素案」の「基本施策」において書かれていた、「指定管理者制度導入後、公民館運営の透明性や公平性が確保でき、対象地域の合意形成等の条件が整った地域をモデルに、『地域参画』を導入する。……」という部分が削除された。「地域参画」という名の地域委託の見通しを変更したことは、指定管理者制度導入後の見通しを教育委員会が明確にもっていない証左ともいえる。

③「素案」にあった「……公民館本部が一元化して企画することにより、講座の実施を効率的に行うことができる」の部分が削除された。学びを通して地域づくりをすすめる公民館の性格上「一元化」はなじまないのは当然である。では、なぜ、このような重大な制度設計を変更したのか不明確である。

④「案」は「指定管理者制度導入のメリット」として「生涯学習センターとの連携の推進」をあげ、「教育委員会が生涯学習行政の司令塔の役割を果たしつつ……」と述べている。「司令塔」とは「軍艦で、艦長・司令・司令官などが指揮を行う装甲を施した塔」（『広辞苑第六版』）である。教育委員会は市民に学びを司令するところでは断じてない。社会教育法第一二条は「国及び地方公共団体は、社会教育関係団体に対し、いかなる方法によっても、不当に統制的支配を及ぼし、又はその事業に干渉を

加えてはならない」としており、教育行政について定めた教育基本法第一六条は、「教育は、不当な支配に服することなく、この法律及び他の法律の定めるところにより行われるべきものであり、教育行政は、国と地方公共団体との適切な役割分担及び相互の協力の下、公正かつ適正に行われなければならない」と定めており、教育に対する権力的な介入を強く禁止しているのである。

(2) 千葉市公民館設置管理条例の一部改正について

二〇一七年六月議会において、公民館への指定管理者制度導入のための条例改正が行われた。千葉市議会に提出する前に六月一二日に千葉市教育委員会で条例改正案が非公開で議決された。以下、主な改正点に言及してみよう。

①　改正第四条（指定管理者による管理）

改正第四条は「公民館の管理は、地方自治法（昭和二二年法律第六七号）第二四四条の二第三項に規定する指定管理者（以下「指定管理者」という）に行わせる」（傍点筆者）とされた。他の政令指定都市での公民館条例では、札幌市「……行わせることができる」（札幌市公民館管理条例第一五条［管理の代行等］）、仙台市「……行わせることができる」（仙台市市民センター条例第一〇条［指定管理者］）、広島市「……行わせることができる」（広島市公民館条例第一二条［指定管理者による管理］）であって、このような千葉市の改正は、教育基本法・社会教育法に内在する教育委員会の公的責務を放棄するものと言わざるを得ない。

② 改正第一四条（指定管理者の指定の手続等）

非公募を可能とするために改正第一四条「委員会は、公民館の管理を適切かつ確実に行うことができると認める法人その他の団体を、その申請により、議会の議決を経て、指定管理者として指定するものとする」と規定した。しかし、「千葉市公の施設に係る指定管理者の選定等に関する条例」（平成二二年三月二三日）第二条（公募の原則）においては、「市長等は、指定管理者に管理を行わせる公の施設の指定管理予定候補者を募集しようとするときは、公募の方法によることを原則とする。ただし、次の各号のいずれかに該当するときは、この限りでない」としている。先の総務省自治行政局長通知では「……指定の申請に当たっては、複数の申請者に事業計画書を提出させることとし……」としていたのであって、非公募については「指定管理者制度」の「主旨」からいっても「疑義」があるといえよう。

(3) 千葉市公民館指定管理予定候補者選定要項等について

二〇一七年七月一三日に千葉市公民館設置管理条例の一部改正が成立した翌日に、千葉市教育委員会は「千葉市公民館指定管理予定候補者選定要項」「千葉市公民館管理運営の基準」「基本協定書（案）」を公表し、千葉市教育振興財団は、七月二六日付で「千葉市公民館指定管理者　提案書」を教育委員会に提出している。その後は、千葉市教育委員会指定管理者選定評価委員会で審査が行われ、八月一八日付で「指定管理予定候補者の選定について（答申）」が教育委員会に提出された。その内容は「一千葉市公民館（非公募・議決日平成二九年八月九日）（1）指定管理予定候補者とすべき者、公益財団法人千葉市教育振興財団、（2）審議結果及び選定理由、申請内容を管理運営の基準等に照らし審査した結果、申請者は、千葉市公民館の管理を適切かつ確実に行うことができるものと認められる。なお、管理業務の実施にあたっては、次の事項に配慮されたい。ア　指定管理者は、それぞれの公民館独自の特性を理解した上で、その時々の地域に合った運営をすること。イ　指定管理者は、千葉市の施策や取組等を踏まえ、運営をすること。ウ　教育委員会は、モニタリングによる確認を行っていくこと。エ　指定管理者は、効率的且つ効果的な運営を行い、公民館の管理に要する経費の縮減に努めること。以上」となっている。

すでに「指定管理予定候補者」が決まった段階ではあるが、千葉市教育委員会が二〇一七年六月議会に提出した「概要」と「選定要項」「管理運営の基準」「提案書」が整合的であるかどうかは、今後、さらに精査しなければならない。ここでは、職員の専門性に関わって指摘しておきたい。

「概要」では「職員の継続性・専門性の向上」の項目の②において「教育振興財団において、社会教育主事等の資格取得や研修受講が積極的に行われることにより、各公民館へ段階的に社会教育主事が配置される」とされていたが、社会教育主事の段階的配置について具体的な数値目標を教育委員会が「選定要項」で示さなかった。数値目標として出されたのは、「選定要項」における「教育委員会が設定する成果指標及び数値目標」に示された「主催講座の増加数」と「公民館の施設稼働率」である。「概要」では「全体で二〇〇講座程度を拡充する」という記述があり数値目標と対応しているが、「公民館の施設稼働率」については、「概要」には明示されていない。

6　指定管理者制度導入の問題点と残された課題

以上、千葉市における指定管理者制度導入プロセスにおける問題点を指摘してきた。

市民の学びを通して地域づくり・まちづくりをすすめる社会教育機関である公民館の果たす役割は大きい。そのためにも市民と行政の信頼関係を軸にした協力・共同が求められている。しかし、千葉市公民館への指定管理者制度導入をめぐっては、その「信頼」を大きく崩すような出来事が生まれている。たとえば、二〇一四年八月に開催された千葉市社会教育委員会議において「公民館の在り方について」の議題が千葉市情報公開条例第五条第七号に基づいて非公開にされるという事態が起きた。傍聴できなかった市民は市長に手紙を出すが、「市が明確に方針を決めてから市民に公開します」という回答を受けとる。二〇一七年六月の条例改正時の教育委員会の非公開も同様であって、総じて計画立案のプロセスへの市民参加が軽視ないし無視される状況が現出した。このことは、社会教育法第一七条において、社会教育委員の職務として社会教育諸計画立案権が付与されているにもかかわらず、教育委員会が指定管理導入案を、社会教育委員会議に附議せずに教育委員会事務局が策定し続けたことにもあらわれている。

前述したように「慎重審議」が千葉市議会で採択されたにもかかわらず、その後も教育委員会は導入ありきで市民「説明会」を実施し、二〇一七年六月一一日に最後の説明会を実施した翌日の六月一二日に非公開の教育委員会で条例改正を行っている。これでは市民の声を精査し・吟味する態度とは言えないであろう。

残された課題は多い。最後に指摘したいのは、千葉市教育委員会が「選定要項」「管理運営の基準」を作成できたということは、千葉市公民館の現状と課題を自己認識していることの証左である。では、なぜ教育委員会自らが直接市民に責任を負って公民館を改革しようとしないのか。指定管理者制度導入問題は、実は自治体教育委員会制度そのものが問われている事柄でもあるのである。

教育委員会制度をめぐっては、一九四八年の旧教育委員会法による公選制教育委員会制度が一九五六年の地方教育行政法によって任命制教育委員会制度に強行的に改編され、さらに二〇一四年「改正」によって教育委員会への首長権限が著しく強化された。さらに国全体の新自由主義政策のもと、「公的サービスの産業化」（二〇一五「骨太の方針」）、「トップランナー方式」（二〇一六「骨太の方針」）、「公共施設等総合管理計画」策定など、指定管理者制度を含むＰＰＰ／ＰＦＩ導入政策が自治体を舞台に加速的に進められつつある。

地域住民の人権としての学習権を保障していくことは、自治体社会教育行政の公的責務である。その権利を実質化していくために、あらためて憲法・教育基本法・社会教育関連法に基づいた多様な住民参加システム（社会教育委員会議、公民館運営審議会、図書館協議会、博物館協議会など）の再生・活用と、社会教育・公民館について自由に学びあえる、市民が主体となった公共の広場づくりの創造が求められている。千葉市教育委員会と一定の緊張関係を生み出した千葉市公民館を考える会の取り組みは、そのひとつの試みであったと思われるが、このような持続的な市民の学びにこそ、住民主体の地域社会教育計画づくりの萌芽が内在しているのではないか、と考えている。

【資料2】

平成二八年四月一四日

千葉市議会議長　向後保雄様

千葉市公民館を考える会　代表　原　亮一　印

「公民館への指定管理者制度の導入について（素案）」に関する陳情書

日頃より、千葉市政発展のためにご尽力されていることに敬意を表します。さて、千葉市教育委員会事務局は、平成二八年三月二五日、平成二七年度第三回社会教育委員会議において「公民館への指定管理者制度の導入について（素案）」（以下、「素案」と略す）を提出しました。千葉市公民館は、ほぼ中学校区ごとに四七館（内二一館に公民館図書室）が配置され、地域住民の生涯学習とまちづくりに大きく貢献してきました。年間利用人数は平成二六年度で約一一七万人を数えます。「素案」は、その公民館へ指定管理者制度の導入のメリットとして「柔軟な職員配置による管理運営費の再配分」「職員の継続性・専門性の向上」「生涯学習センターとの連携の推進」を挙げていますが、私たちは、下記のように慎重に検討すべき課題が山積していると考えています。

（1）「素案」は、市民に公表されておらず、また、公民館運営審議会、社会教育委員会議、図書館協議会、教育委員会でも十分な議論がなされていません。

（２）　地域住民の生涯にわたる学びの権利を保障し、まちづくりをすすめる公民館は、学校とならぶ教育機関です。「地方自治法の一部を改正する法律の公布について」（総務省自治行政局長通知、平成一五年七月）は、管理主体が限定される場合は指定管理者制度を採ることはできないとしています。地方教育行政法第二一条で教育委員会が管理すると明記されている公民館への導入には法的な疑義があります。

（３）　「素案」の「柔軟な職員配置による管理運営費の再配分」とは、市の正規職員を財団の非正規職員に転換して人件費を削減し、その財源で事業費等を増やすというもので、「経費等の節減」にはなりません。また、ＯＢ職員の活用のみでは「職員の継続性・専門性」につながらないと考えます。

（４）　公民館は災害時の防災拠点やまちづくりの拠点とされ、住民と行政の緊密な連携と柔軟な対応が必須となりますが、今回の「素案」では期待できません。

（５）　「素案」の「生涯学習センターとの連携の推進」では「公民館本部が一元化して企画することにより、講座の実施を効率的に行うことができる」とされていますが、現在の公民館運営審議会・公民館運営懇談会をより活性化し、住民参画のもとさまざまな地域課題を共に解決していくような方法が望まれます。このようなことが公民館運営の柔軟性と将来の発展性に繋がると考えます。

（６）　「素案」は「受益者負担の設定」について「慎重に判断すべきもの」としていますが、生涯学習センターは有料施設であり、公民館の有料化も検討される可能性があります。

以上の理由から、下記事項を陳情いたします。

記

一、公民館への指定管理者制度の導入については、拙速に決めることなく、じっくり時間をかけて慎重な審議を行うこと。

注

（1）指定管理者制度をめぐっては、制度解説や実務的なノウハウ本も含めて多くの文献等が刊行されているが、筆者は、最近、鑓水三千男著『JLA図書館実践シリーズ12　図書館と法―図書館の諸問題への法的アプローチ―』二〇一八年、日本図書館協会、同『図書館セミナー「法的視点から見た図書館と指定管理者制度の諸問題」講演録』二〇一八年、日本図書館協会、から大きな示唆を得た。現状をふまえての問題点を指摘しているものに角田英昭『「指定管理」ブックレット改訂版　今こそ、指定管理者制度の抜本的な見直しを―制度運営の検証と見直しの論点、課題―』自治体問題研究所、二〇一六年五月がある。また公益社団法人日本図書館協会は「公立図書館の指定管理者制度について―二〇一六」（二〇一六年九月三〇日）の中で「この制度の公立図書館への導入の判断は、各自治体の自主性に委ねるものですが、当協会は、我が国の今後の公立図書館の健全な発達を図る観点から、公立図書館の目的、役割・機能の基本を踏まえ、公立図書館への指定管理者制度の導入については、これまでの見解と同様に、基本的になじまないと考えます」としている。

なお、千葉大学教育学部社会教育研究室では『千葉市公民館指定管理者制度導入問題資料集Ⅰ』二〇一七年三月、A4判、二〇九頁を刊行している。

（2）他の社会教育施設との比較及び指定管理者制度導入率の経年変化については拙著『公民館はだれのもの―住民の学びを通して自治を築く公共空間―』自治体研究社、二〇一六年の四六―四七頁を参照されたい。

（3）賛成は自由民主党・未来民進ちば・公明党・無所属議員で、反対は、日本共産党・市民ネットであった。

（4）現行「公益財団法人千葉市教育振興財団定款」によれば、第三条（目的）「この法人は、市民のため、教育及び文化に関する事業を総合的に振興することにより、心豊かで活力に満ちた市民生活の向上に寄与することを目的とする」、第四条（事業）「この法人は、前条の目的を達成するため、次の事業を行う。⑴生涯学習に関する調査及び研究、⑵生涯学習に関する情報の収集及び提供、⑶生涯学習に係る相談の実施、⑷生涯学習活動の指導者及び助言者の養成及び研修、⑸生涯学習活動に関する講座、講演会等の開催、⑹美術品その他の美術館関係資料の収集、保存、展示等、⑺美術に関する調査及び研究、⑻文化財に関する調査・研究及び普及等、⑼教育及び文化の振興に資する施設の管理運営、⑽その他この法人の目的を達成するために必要な事業　2前項の事業は、千葉県において行うものとする」（平成二八年六月二〇日施行）とされている。

　二〇一七年現在、千葉市生涯学習センター、千葉市民ギャラリー・いなげ、千葉市美術館の管理と埋蔵文化財に関する事業を行っている。財団をめぐっては「平成二七年四月一日現在、千葉市教育振興財団には千葉市ＯＢ職員二名が常勤役員となっています。さらに非常勤役員二名、評議員二名、常勤職員二名と嘱託等六名が千葉市職員等となっています。この事実は千葉市と千葉市教育振興財団との間の人事に関する関係が強く、利害関係が大きいことを示していると云えます」『第七回公民館フォーラム報告　市民が考える公民館』千葉市公民館を考える会、二〇一六年三月一八日、一八頁という指摘がある。

（5）千葉市公民館の歴史については、千葉県公民館連絡協議会編『千葉県公民館史』一九八五年、足立祥子「くらしの教室と公民館の学び」長澤成次編著『公民館で学ぶⅡ　自治と協同のまちづくり』国土社、二〇〇三年所収を参考にした。

（6）以下のＵＲＬを参照のこと。http://www.city.chiba.jp/kyoiku/shogaigakushu/shogaigakushu/kominkan.html 最終閲覧日二〇一七年九月二八日。

（7）二〇一六年六月一五日の千葉市議会教育未来委員会における生涯学習部長の答弁より（同委員会議事録より）。

（8）二〇一四年五月二七日開催の社会教育委員会議において筆者は「公民館への指定管理者制度導入に対する私の立場と千葉市教育委員会への質問事項」を提出しているので、参考までに掲載したい。

はじめに

　地方教育行政法第三〇条によって学校とならんで教育機関として位置づけられている公民館・図書館・博物館の管理主体は教育委員会（同法第二三条）であって、個別法優先の原理からいっても、地方自治法上の指定管理者制度をとることはできないと考える。学校教育に適用されないのはその謂である。さらに二〇〇八年の社会教育法等一部改正案に対する附帯決議（二〇〇八年五月二三日衆議院文部科学委員会）では「政府及び関係者は、本法の施行に当たり、次の事項について特段の配慮をすべきである。一　国民の生涯にわたる学習活動を支援し、学習需要の増加に応えていくため、公民館、図書館及び博物館等の社会教育施設における人材確保及びその在り方について、指定管理者制度の導入による弊害についても十分配慮し、検討すること」（傍点引用者）が全会一致で採択されていることも指摘しておきたい。

少子・超高齢社会をむかえて、地域における子育て支援・防災教育・環境教育・リタイアした男性の地域参加支援・地域福祉活動など地域づくりやまちづくりの拠点施設としての公民館の持っている可能性は大きく、地域に根ざしたさまざまな事業展開が期待されている。今後は市民・ＮＰＯなど地域の諸団体との連携をさらにすすめ、公民館利用のルールなども大胆に見直すとともに、文部科学省告示第八条二項「公民館の館長及び主事には、社会教育に関する識見と経験を有し、かつ公民館の事業に関する専門的な知識及び技術を有する者をもって充てるよう努めるものとする」に従い、四七館すべてに計画的に社会教育主事有資格者を配置することなどが求められている（なお、公民館に社会教育主事有資格者を配置している事例は県内の君津市・木更津市・野田市などをはじめ、政令指定都市では直営で全館に配置している岡山市の事例がある）。そして何よりも千葉市教育委員会事務局が現在の千葉市公民館をめぐる方向・現状・課題・課題への対応（平成二五年度第三回会議資料）を認識しているのだから、他団体に委託するのではなく、ただちに公民館を改革していく行政努力を始めるべきである。以上、これらをふまえたうえで以下のことを千葉市教育委員会に質問をしたい。

質問事項

①　前回の第三回会議資料の「課題への対応」において「教育振興財団は……将来にわたり、専門性を有するスタッフを全館に配置することが可能である」としているが、専門性をどのように担保するのか、全館配置に至るまでの具体的計画を教えていただきたい。また、現状において専門性を担保しうる社会教育主事有資格者が、千葉市教育委員会事務局、公民館、千葉市生涯学習センター（正規・非正規）、それぞれに何人いるのかを教えていただきたい。なお平成二五年一〇月に実施された「公民館に関するアンケート調査」において「図書室の利用が六〇・八％で最も多い」という結果をふまえ、財団委託後、公民館図書室に配置する職員の専門性をどのように担保するのかも教えていただきたい。

②　同じく資料3で「……地域の課題・ニーズの理解等に基づく長期的かつ継続的な取組みが必要であるが、人事異動等が避けられない市直営方式では限界がある」と指摘しているが、指定管理者制度も期間を指定するのであって、「公募の方法によることを原則とする」（千葉市公の施設に係る指定管理者の選定等に関する条例第二条）という千葉市の方針のもとでは、今回は「非公募」であっても五年後の公募の結果によっては、継続雇用の見通しはないのではないか。さらに財団委託後、公民館に配置される職員の雇用形態は財団雇用の正規職員でなければ「長期的かつ継続的な取組み」はありえないので四七公民館に配置される職員の雇用形態はどのようになるのか、また、社会教育主事有資格者を財団プロパーの正規職員として採用する計画があるのかどうかをお聞きしたい。

③　千葉市は指定管理者制度について「多様化する住民ニーズにより効果的、効率的に対応するため、公の施設の管理に民間の能力を活用しつつ、市民サービスの向上を図るとともに、経費の節減等を図ることを目的としています」と述べている。「経費の節減」のない指定管理者制度の導入はありえない。千葉市と指定管理者が結ぶ協定書において明記される指定管理料（市が指定管理者に支払う公費）が直営よりも高くなるのであれば指定管理者導入の意味はない。直営と財団委託ではどのくらいの経費が削減されるのか、具体的な削減額をお聞きしたい。

④　地域管理と財団管理にかかわって、第三回の議事録では事務局からは「地域が財団と協定を結ぶ」と「コラボした団体が指定管理になる」という二つの考え方が出されたように思われる。指定管理者制度にかかわる総務省自治行政局長通知（二〇〇三年七月一七日）の「3　適正な管理の確保等に関する事項」の(2)では、「清掃、警備といった個々の具体的業務を指定管理者から第三者へ委託することは差し支えないが、法律の規定に基づいて指定管理者を指定することとした今回の制度の趣旨にかんがみれば、管理に係る業務を一括してさらに第三者へ委託することはできないものであること」とされている。

私の理解では、財団が事業の根幹にかかる業務をある特定の地域団体に全面委託すること、要するに財団が第三者である地域管理団体に丸投げすることは地方自治法上における指定管理者制度の趣旨に反すると思われる。施設利用にかかる市民の安全確保の観点からもこの点は慎重でなければならない。また、財団とある特定地域の団体がコラボした共同事業体を指定管理者として指定する場合には、コラボする地域団体を全市的に公募しなくていいのか、という問題も起こってくる。この点はどのようにお考えなのかお聞きしたい。

⑤　財団委託にともなって導入される公民館の有料化については、平成二二年一一月に実施された「公民館利用者アンケート調査」では、六割近い五七・九％の方が「無料とすべき」と回答していた。千葉市公民館が条例で無料を規定しているのは、全国的に誇るべきものであり、少子・超高齢社会のもとで子どもから高齢者までさまざまな方が「地域の居場所」として公民館を自由に気軽に利用できる環境を醸成するため、無料を堅持すべきと考えるが、これについてはどのようにお考えか。

⑥　私はこの間、社会教育法第一七条において教育委員会に助言するために置かれている社会教育委員（会議）に対して、公民館の管理運営に関する諮問を行うよう何度も求めてきたが、あらためて、その点をお伺いしたい。

＊今日の社会教育委員会議ですぐに回答とはいかないと思います。次回の社会教育委員会議までにご回答いただければ幸いです。

(9)　千葉市教育委員会は、ウェブサイト上で「公民館への指定管理者制度の導入（案）説明会実施報告」を掲載している。そこでは「千葉市教育委員会では、公民館への指定管理者制度の導入について検討していることから、公民館利用者等の皆様に同制度について説明を行っております。このたび、これまでの説明会でいただいた主なご意見・ご質問等及び回答を、類型ごとにまとめましたので、ご報告します。※逐語録ではありません。類似した趣旨のご意見・ご質問はまとめて掲載しておりますのでご了承ください。説明会には多くの皆様のご協力をいただき、ありがとうございました」と述べて、説明会で使用した資料を掲載している。https://www.city.chiba.jp/kyoiku/shogaigakushu/shogaigakushu/kominkan_shiteikanri.html、最終閲覧日二〇一七年九月二七日。

第8章　「公共施設等総合管理計画」をめぐる政策動向と課題
——千葉県習志野市を事例に

1　「公共施設等総合管理計画」をめぐる国の動向

今、全国各地で公共施設の再編・廃止・統合等をめぐってさまざまな問題が噴出している。もちろん自治体によってその表れかたに違いがあるものの、公共施設再編の重要な契機となったのが、二〇一四年に総務省が地方公共団体宛てに公共施設等の総合的かつ計画的な管理を推進するための「公共施設等総合管理計画」の策定要請であった。同計画の記載事項・留意事項をまとめた「公共施設等総合管理計画の策定にあたっての指針」においては「統合や廃止の推進方針」あるいは「PPP／PFIの活用」[1]などが打ち出されていた（傍点筆者）。同年六月の安倍政権によるいわゆる「骨太の方針」においても「特に、インフラの多くが地方公共団体により管理されていることから、公共施設等の総合的かつ計画的な管理を内容とする「公共施設等総合管理計画」の策定・実施を行う地方自治体に対して国の支援を重点化するなどメリハリ付けを行うとともに、必要な知見やノウハウを提供し、人員・技術面の支援を行う。」（「経済財政運営と改革の基本方針二〇一四について」二〇一四年六月二四日閣議決定）とされたのである。

その後の「骨太の方針」においても「公共施設等総合管理計画」は重要な施策に位置づけられ、「国の支援」の名のもと財政誘導と行政指導が一体化されて、ますます国家的プロジェクトとして推進されつつある。たとえば二〇一八年版「骨太の方針」（「経済財政運営と改革の基本方針二〇一八について」二〇一八年六月一五日閣議決定）では、以下のように記述されている。少し長いが重要なので関連部分を引用してみよう。

（公的ストックの適正化）

長寿命化を徹底し、地方の単独事業も含め、効率的・効果的に老朽化に対応するとともに、各地方の実情に応じたコンパクト・プラス・ネットワークの考え方等に基づき公共施設の統廃合を推進する。長寿命化等による効率化の効果も含め、できる限り早期に、インフラ所管省は、中長期的なインフラ維持管理・更新費見通しを公表する。また、地方公共団体への更新費用試算ソフトの提供等を含め、技術的・財政的支援を通じて、地方公共団体が三年以内に長寿命化等による効率化効果を示すよう促す。「公共施設等総合管理計画」の「見える化」について、公営企業施設に係る記載などを含め、その内容を充実させる。「個別施設計画」の策定率の低い分野については、関係府省が、ガイドラインの策定、交付金等における計画の策定要件化等により、実効的な計画策定を支援する。また、地方公共団体ごとの計画策定状況や長寿命化等の対策の有無等を「見える化」し、先進・優良事例の横展開を行う。「個別施設計画」を踏まえ、二〇二一年度までに「公共施設等総合管理計画」の見直し・充実を進める。

（公的サービスの産業化）

官民連携の下、データヘルスの取組、ＰＰＰ／ＰＦＩ、地方行政サービスの民間委託等の公的サービスの産業化の取組を加速・拡大する。スケールメリットの拡大による民間事業者の参入を促すため、複数自治体や公営企業間等での多様な地域間連携やアウトソーシング等の促進などの環境整備を進める。また、民間参入や民間の業務運営に関する規制の改革を進める。ワンストップ窓口や助言等を通じたノウハウ面での地方自治体の支援、課題や先行事例等の蓄積された専門知識の類型化・見える化や横展開、関係府省主導による業務手法の標準化等を促進する。

この「二〇一八骨太の方針」にみられるように「公共施設等総合管理計画」は総務省の計画策定要請から五年を経て、「個別施設計画」の策定・実施段階に入ってきており、それだけに各地で「公共施設等総合管理計画」と住民との矛盾が高まりつつある。(2) 特に「公的サービスの産業化」にかかわっては、二〇一五年一二月一五日に「多様なＰＰＰ／ＰＦＩ手法導入を優先的に検討するための指針」（民間資金等活用事業推進会議）が決定され、それを受けて同年一二月一七日には、内閣府政策統括官（経済社会システム担当）・総務省大臣官房地域力創造審議官から各自治体ＰＦＩ担当部長に対し「『多様なＰＰＰ／ＰＦＩ手法導入を優先的に検討するための指針』について（要請）」が出され、そこでは「人口二〇万人以上の地方公共団体におきましては、当該指針を踏まえ、平成二八年度末までに優先的検討規程を定めていただきますようお願いする」という要請が出されている。

二〇一六年三月には内閣府民間資金等活用事業推進室は、「ＰＰＰ／ＰＦＩ手法導入優先的検討規程策定の手引き」を出し「……導入に適さないと評価した場合には次に掲げる事項をインターネット上で公表する……透明性を確保するとともに、住民及び民間事業者に対する説明責任を果たす」、さらに「ＰＰＰ／ＰＦＩ手法に関する職員の養成及び住民に対する啓発」においては「ＰＰＰ／ＰＦＩ手法の導入に関する住民及び民間事業者の理解、同意及び協力を得るための啓発活動を行うことが望ましい」とまで書いている。ここでは、住民は「公的サービスの産業化」の単なる啓発の対象でしかない。後述する習志野市の公共施設再生計画におけるＰＦＩ事業は、まさにこのような国の政策的流れのなかで実施されたのである。

二〇一九年五月三一日には、第九次地方分権一括法による地方教育行政法・社会教育法・図書館法・博物館法「改正」が行われ、公立社会教育施設の首長部局移管が可能となった(3)。

公民館・図書館・博物館など公立社会教育施設は、憲法・教育基本法・社会教育法等にもとづいて、地域住民の基本的人権としての教育権・学習権を保障する社会教育機関である。したがって社会教育施設が首長部局に移管されるならば、首長部局の主導によって容易に「統廃合」の対象になることは想像に難くない。習志野市の事例は以下にみるようにそのことを如実に示しているともいえるのである。

2 習志野市公共施設再生計画をめぐって

(1) 習志野市公共施設再生計画の特徴

「習志野市公共施設再生計画」による公民館等を含む公共施設の廃止・統合をめぐっては、この間、さまざまな市民団体が取り組んできた(4)。これまで、中学校区に七館の公民館を地域配置し、多彩な学級・講座の開催、自主的なサークル活動、住民参加の公民館報づくり、地域生涯学習圏会議設置(一九九二年)など、市民と職員が協働して豊かな公民館活動を展開してきた地域である。習志野市の公民館サークル活動は、二〇一六年一〇月三〇日現在四三六の公民館サークル(大久保公民館:一〇五、菊田公民館:六四、屋敷公民館:三六、実花公民館:二九、袖ヶ浦公民館:六六、谷津公民館:七三、新習志野公民館:六三)が活動を行っている。

かつて筆者が習志野市公民館運営審議会委員を委嘱されていた時に指定管理者制度の問題が持ち上がり、公民館運営審議会が審議を重ねて、答申「これからの公民館事業と運営のあり方について」(二〇〇七年一〇月一六日)をまとめ、公民館活動の蓄積を踏まえて直営の大切さを述べたことがあった。ほぼ同時期に一方では、習志野市の「公共施設の老朽化」を背景に「公共施設マネジメント白書」(二〇〇八年)がまとめられ、二〇一一年には公共施設再生計画検討専門協議会が「習志野市公共施設再生計画策定に対する提言書―負担を先送りせず、より良い資産を次世代に引き継ぐために―」(二〇一一年三月二四日）が提出している。そこでは「民間事業者のノウハウ・資金、人材を活用するための様々な制度、手法」に注目がよせられ、「施設重視から機能優先への転換と多機能化・複合化の推進」などが指摘されていた。

これらを受けて市が作成した習志野市公共施設再生計画（二〇一四年三月）によれば、たとえば公民館は、菊田公民館（機能停止）・大久保公民館（複合化）・屋敷公民館（複合化、大久保公民館へ機能統合）・実花公民館（改修（転用）、東習志野公民館へ機能統合）・袖ヶ浦公民館（複合化、袖ヶ浦体育館へ）、谷津公民館（複合化、谷津南小へ）、新習志野公民館（改修）とされ、大久保公民館・新習志野公民館を除く五館の公民館の機能停止・機能統合・複合化計画が出されている。同計画は、公共施設再生計画【第一期】（二〇一四～二〇一九）、【第二期】（二〇二〇～二〇二五）、【第三期】（二〇二六～二〇三八）とされ、公民館にかかわっても、ケース1とケース2が示されており、最終的な計画については予断を許さないが、少なくとも「機能停止」「機能統合」とは、当該公民館の廃止の謂であって、すでに工事が始まっている「大久保地区公共施設再生事業」に伴って屋敷公民館は二〇一九年度中に廃止される予定である。

習志野市の公共施設再生計画で特徴的なのは、（1）教育委員会が管理する教育機関を含めて公共施設の首長部局による一元管理をめざして習志野市資産管理室が設置され、（2）二〇一五年四月からは新習志野公民館に指定管理者制度が導入され、また「大久保地区公共施設再生事業」はＰＦＩ事業ですすめられ、公共施設再生計画そのものが民間事業者への委託と不可分の状況で進行していること、

（3）そして注目すべきは習志野市公共施設再生基本条例（平成二六年七月七日）を制定したことである。そこでは「第五条（市民の責務）市民は、次世代の負担を軽減するため、公共施設の再生並びに管理運営及び維持保全に必要となる現在及び将来の財政負担に関する理解を深め、より良い資産を次世代に引き継ぐよう努めるものとする」とされ、パブリックコメント段階では第五条二項で「2　市民は、基本理念にのっとり、公共施設再生に関する理解を深め、市が実施する公共施設再生に関する施策に協力するよう努めなければならない」となっていた。現行条例にこの2項は存在しないが、当初の市当局の認識として、市民は市の施策に協力する客体としてしか映っていなかったのではないだろうか。まちづくりに関する市民の考えはさまざまであって、もちろん公共施設再生計画にかかる市民の考えも多様である。そして公民館では行政施策に対する批判的視点も含めて住民の自由な学びが保障されなければならない。公民館はまさにその学びの自由を通して住民自治力を高めていく社会教育施設なのであって、その公民館を廃止していく習志野市の公共施設再生計画のねらいを考えざるを得ないのである。

（2）習志野市大久保地区公共施設再生事業について

習志野市は、前述した国の「ＰＰＰ／ＰＦＩ手法導入優先的検討」政策を受けて、二〇一六年六月に「習志野市ＰＦＩ導入指針（改訂版）」を作成し、同指針の「はじめに」において、「一方、本市では、老朽化した公共施設の再生を図る『習志野市公共施設再生計画』のモデル事業として取り組んでいる大久保地区公共施設再生事業において、平成二七年五月に基本構想、平成二八年一月に基本計画を策定する過程で、本市初となるＰＦＩの導入を検討してまいりました。厳しい財政状況が続く中で、今後の人口減少や人口構造の変化を予測すると、現在あるすべての公共施設を更新することは不可能であることは公共施設再生計画で明らかになっています。このような状況下にあっても、公共施設を整備し必要な市民サービスを提供していくためには、民間の経営能力や技術的能力、創意工夫を最大限生かしていくＰＦＩがひとつの有効な手法であり、将来への道筋を描くことになります。このような近年の国における大きな変革の流れ、そして本市の取組を踏まえ、今般平成一七年八月に策定した『習志野市ＰＦＩ導入指針』の全面的な改訂を行いました」と述べている。

また、同指針は、「ＰＦＩの原則・主義」として「五つの原則　①公共性原則、公共性のある事業であること、②民間経営資源活用原則、民間の資金、経営能力及び技術的能力を活用すること、③効率性原則、民間事業者の自主性と創意工夫を尊重することにより、効率的かつ効果的に実施すること、④公平性原則、特定事業の選定、民間事業者の選定において公平性が担保されること、⑤透明性原則、事業の発案から終了に至る全過程を通じて透明性が確保されること」「三つの主義　①客観主義、選定や評価について客観的基準に基づいて行うこと、②契約主義、公共施設等の管理者等と選定事業者との間の合意について、明文により、当事者の役割及び責任分担等の契約内容を明確にすること、③独立主義、事業を担う企業体の法人格上の独立性を持つこと。また、事業部門の区分経理上の独立性が確保されること」を掲げていた。

では、実際の習志野市におけるＰＦＩ事業の推移について見てみよう。以降の記述はいずれも習志野市ウェブサイトからの引用である。まず、二〇一六年九月に公募プロポーザル方式をおこない、四グループから参加表明があったが、三グループが辞退し、結局、提案審査委員会では一グループのみを審査している。(5)習志野市ＰＦＩ導入指針においては、「事業の発案から終了に至る全過程を通じて透明性が確保されること」とされていたが、提案審査委員会は第一回の会議で非公開を決定している。習志野市は、二〇一七年三月に七二億三〇〇〇万円、二三年間のＰＦＩ事業契約を事業者と締結している。

「習志野市大久保地区公共施設再生事業提案審査委員会議事録」は、契約締結後、習志野市役所のウェブサイトに公開された。なお、本ＰＦＩ事業には、市民からも、審査委員からも疑問が出された民間付帯事業（民間付帯施設棟）が設定されて、大久保公民館があった敷地に若者向けの賃貸マンション（地上三階、地下一階、四〇世帯）がスターツコーポレーション株式会社によって建設されることになっている。(6)

以下、審査委員会で筆者が気になった発言を列挙してみよう。発言は一部を抜粋しているのでぜひ四回の議事録全体を確認していただけると幸いである。(7)

「事務局案として四点が提案された。一点目として、会議を非公開とすること、二点目として、議事録については発言者名を記載し議事要旨としてまとめ、（官民間の）契約締結まで非公開とし、契約締結後公開とすること、三点目として、議事要旨は各委員の確認を得た上で委員長が最終確認を行うこと、四点目として、審査委員の委員名を公表することである。意義がなければ事務局案の通りとする」（第一回H委員長、平成二八年五月二八日）、「利用者から得る収入は、公園使用料も含め、民間事業者の収入となるのか。市の収入にはならないのか」（第二回N委員、平成二八年六月二一日）、「民間事業者の収入となる。市の収入にはならない。民間事業者のインセンティブと考えている。民間事業者が頑張れば、利用者が増大して収入が増えるという仕組みを導入している」（第二回事務局）、「……どうやって複合化のメリットを出すのかについては説明文にもなかったように思われる。このあたりが気になるところである」（第三回H委員長、平成二八年一一月一八日）、「……しかしながら全体として何をするのかという方向性についての記載が全くないというところが非常に大きな問題である。一つの大きなダイレクションのもとに公民館なり図書館なりというのが、その機能を生かしながら最大限に市民に価値のあるサービスを行うという視点が完全に抜け落ちてしまう」（第三回T委員）、「……公民館については、多分、コミュニティセンター的な空間だけを持ってきた提案になっており、そこでの活動が、ほとんど想像できないプランニングになっている……」（第三回H委員長）、「……住居の提案だが、単なるワンルームマンションにしか見えない。駅前の一等地をワンルームとして使うことに本当にメリットがあるのかということ……」、（第三回S委員）、「……新築のときはよいが、二回目、三回目入居する人にとっては厳しい単価設定と思われる。この単価設定で、なおかつ社会貢献を求めるのは非常に難しいのではないか」（第三回H委員長）、「要は言葉だけで何も提案がない。歴史性を云々とか、言葉も出てくるが、何の歴史をどのように活用しようとしているのかという、そういう具体性のないものが記述になっているというところが、非常に問題であると感じる」（第三回H委員長）、「無機質な感じのロボットが案内するというところが、少し疑問に思うところがある」（第三回S委員）、「正直なところ、提案内容については、構想、計画とも全て標準以上をつけることはできないとの感想を持った」（第四回H委員長、平成二八年一二月一九日）、「……今回の事業は、全体的・長期的に見た場合に、やらないよりやったほうがいいということもあり、やった中で走りながら改善していく、……」（第四回N委員）、「……今日、図書館に関する部分での質疑は最低点よりも低いというのが正直な感想であり……」（第四回T委員）など、である。

これらの議事録から見えてくるものは、公開プロポーザルであったにもかかわらず一グループのみを審査したこと、提案審査委員会を非公開にしたこと、民間付帯事業としてマンションを建設すること、などは、「習志野市ＰＦＩ導入指針」における公平性、透明性、公共性の原則にもとるのではないか、という疑問である。

なお、習志野市は、二〇一九年三月二〇日に「習志野市生涯学習複合施設の設置及び管理に関する条例」（施行は二〇一九年九月一日）を定め、たとえば現行条例に定められた使用料等を大幅に値上げしている。さらに大久保公民館を習志野市中央公民館に、大久保図書館を習志野市立中央図書館に名称を変更し、同条例第九条において「教育委員会は、生涯学習複合施設の管理を指定管理者（地方自治法（昭和二二年法律第六七号）第二四四条の二第三項の指定管理者をいう。以下同じ）に行わせるものとする」としている。

「中央公民館」方式は、同等の権限を持った独立館を地域配置していくという原則を崩しているのであって、すでに習志野市中央公民館は屋敷公民館の廃止のうえに成立している。さらに条例で指定管理制度の導入を義務づけていることも極めて問題である。習志野市における公共施設再生計画をめぐって生起している諸問題のルーツは、「大久保地区公共施設再生事業」をＰＦＩ事業としてスタートさせたところにあると言っても過言ではないであろう。

3　地域住民の学習権を保障する自治体社会教育施設をめぐる課題

地域・自治体における公共施設再生計画においては、その全過程において住民参加・住民自治と民主主義的手続きが実現されなければならない。また、社会教育施設を所管する教育委員会は、一般行政から独立した行政委員会であって「住民の意思の公正な反映」に努力しなければならない。

社会教育施設と自治体社会教育行政をめぐる状況は極めて厳しい。しかし、現行法制にある多様な住民参加システム（社会教育委員会議・公民館運営審議会・図書館協議会・博物館協議会など）を活用しながら、公共施設の再編をめぐって各地域で展開されている市民運動とそこに内在する学習活動が、地域社会と社会教育施設を民主的に変えていく大きな力になっていくと筆者は考える。

注

（1）ＰＰＰ／ＰＦＩを推進する側の説明によれば、ＰＰＰは「Public Private Partnership 行政と民間が連携して、それぞれお互いの強みを活かすことによって、最適な公共サービスの提供を実現し、地域の価値や住民満足度の最大化を図るもの」。ＰＦＩは「Private Finance Initiative 民間資金等の活用による公共施設等の整備等の促進に関する法律」（平成一一年法律第一一七号）に基づき、公共施設等の建設、維持管理、運営等を民間の資金、経営能力及び技術的能力を活用して行う手法」と説明されている。「二〇一四骨太の方針」より。

（2）たとえば『月刊社会教育』国土社、二〇一八年一二月号の特集「学習権の保障と公共施設再編問題」の各論稿を参照されたい。

（3）詳しくは、拙稿「公立社会教育施設の首長部局移管問題と『第九次地方分権一括法』」『月刊社会教育』二〇一九年四月号、「人権としての教育権・学習権を保障する社会教育法制の根幹を揺るがす改正案」『月刊社会教育』二〇一九年五月号を参照のこと。

（4）たとえば、大久保地区公共施設再生事業を考える会、明日の秋津を考える会、習志野の公共施設を考える連合協議会などによって、学習会や署名活動、市への要望書提出などさまざまな活動が取り組まれている。

（5）「習志野市の大久保地区ＰＦＩ、スターツグループが約六七億円で公共施設を集約・再生へ」https://project.nikkeibp.co.jp/atclppp/PPP/news/010500134/ などを参照のこと。二〇一九年六月一〇日閲覧。

（6）「生涯学習施設を再編　習志野・本大久保　若者向け集合住宅も」千葉日報、二〇一九年六月四日付、記事を参照のこと。

（7）http://www.city.narashino.lg.jp/joho/matidukurisanka/koukyou_saisei/project/teianshisinsaiinnkai.html を参照されたい。二〇一九年六月一〇日閲覧。

III

人権としての学習権思想の歩みと社会教育法制をめぐる課題

第9章　学習権思想の芽生えと社会教育の戦前的性格

「我等は有産階級の独占から教育を解放すべきである事を要求する、夫れが有産階級の独占に帰している間学問は遂に去勢された馬の如くであろう。そしてそれは学問を司るミネルバの神に対する冒瀆であらねばならぬ。我等は学ぶべき権利を持っている。我等は有産階級に奪われた大学を奪還しなければならない。併し学問は大学の専売でない、去勢された、学問を切売する馬肉屋の如き大学に何の真理が学び得うか、我等は生きた大学を要求する。我が労働学校には赤門もない、講堂もない、又高等官何等の位をもつ者もいない。けれど其処には穢れざる真珠の如き真理がある、自由奔放なる少壮の学者が居る。教ふる者も教はる者も熱と力がある、その教ふる所は深奥の学理ではないとしても咀嚼すれば其の悉くが血となり肉となるべき真理がある。我が大阪労働学校には真にミネルバの神の嘉し給ふべき唯一の真の学堂である」（傍点筆者、大阪労働学校創立宣言、一九二二年六月一日より）[1]。

はじめに

「権利としての社会教育」という用語・概念は、戦前における民衆の自己教育運動や戦後日本における社会教育の民主的発展を願う人びとの諸運動・諸実践から歴史的に醸成されてきたものである。戦後においては、もちろん「ゆるぎなき路線を求めて」一九五七年一二月に創刊された『月刊社会教育』や、第三回社会教育研究全国集会（一九六三年、横浜・金沢文庫）において結成された社会教育推進全国協議会（社全協）による民主的社会教育運動をはじめ、戦後、それぞれの時代的課題を担って展開されたさまざまな市民運動・住民運動などにおける学習実践においても権利としての社会教育の自覚化のプロセスをみることができる。全国集会においてはじめて「権利としての社会教育」を掲げたのは一九七一年の東京・多摩集会であった。

ところで、天皇制教学体制が進められた戦前の明治憲法下においては、このような権利としての社会教育の自覚化は、公的な社会教育制度に求めるべくもなく（もちろん戦前においてもさまざまな公的社会教育制度における近代的社会教育への模索はすすめられたが[2]）、冒頭に掲げたように、むしろ民衆や労働者の自己教育運動のなかから胚胎してくることを歴史は物語っている。これを「学習権思想」（藤田英雄[3]）の戦前的系譜ということも可能であろう。戦前におけるこのような運動や実践が、戦後日本における民主的な社会教育運動の土壌の形成に連なっていったと思われる。

この戦前・戦後における連続と断絶をめぐる問題は、実は今日的課題でもある。二〇一八年一〇月には文部科学省から社会教育課が廃止され、さらに博物館が文化行政へ、文化財保護行政が一般行政へ、社会教育行政が地域学校協働政策へ、公立社会教育施設が首長部局へ移管されようとしている今日的状況は、戦時体制下のもと一九四二（昭和一七）年に教化局に社会教育局が統合されて社会教育行政が消滅し、文化行政をめぐっては「国の行政が国民の精神生活にまで干与し、国家自らが文化政策の主体であろうとするいわゆる文化国家（Kulturstaat）主義をとるものではない」（教育法令研究会編『教育基本法の解説』一九四七年）という戦前の反省をふまえず、学校中心自治民育的社会教育や公権力のもとに社会教育が再び置かれるという戦前的社会教育の構図が生み出されようとしているからである。

1　戦前の天皇制教学体制と山名次郎「社会教育論」

戦前の教育体制は、「不磨の大典」（憲法発布勅語）である「大日本帝国ハ万世一系ノ天皇之を統治ス」（第一条）で始まる大日本帝国憲法（一九八九［明治二二］年）と翌年の教育勅語（一八九〇［明治二三］年）や教育に関する勅令等によって進められた。明治憲法には教育に関する規定はなく、教育は第九条「天皇ハ……必要ナル命令ヲ発シ又ハ発セシム……」による天皇の命令（勅令）として、すなわち「教育勅令の権力的執行」（兼子仁）として行われた。教育勅語は、「……此レ我カ國體の精華ニシテ教育ノ淵源亦実ニ此ニ存ス」として「教育の淵源」を天皇制国家である「國體」に求め、「一旦緩急アレハ義勇公ニ奉ジ以テ天壌無窮ノ皇運ヲ扶翼スベシ」として非常時においては、お国のため、天皇のために生命を投げ出すことを強いた。

筆者の手元にいま文部省が一九三七（昭和一二）年三月三〇日に刊行した『國體の本義』という本がある。凡例には「我が國體は宏大深遠であつて、本書の叙述がよくその真義を盡くし得ないことを懼れる」などと記されているが、忠君愛國の項では、「忠は、天皇を中心とし奉り、天皇に絶對随順する道である。絶對随順は、我を捨て私を去り、ひたすら天皇に奉仕することである。この忠の道を行ずることが我等國民の唯一の生きる道であり、あらゆる力の源泉である。されば、天皇の御ために身命を捧げることは、所謂自己犠牲ではなくして、小我を捨てて大いなる御稜威に生き、國民としての眞生命を發揚する所以である……」（傍点筆者）と叙述されている。一九三七年といえば中国への全面的な侵略戦争がはじめられた年であるが、戦前教育はまさにひとりひとりの人間の生命を根底から否定する死への教育であったのである。

明治期、福澤諭吉の弟子でもあり、はじめて社会教育論を著したとされる山名次郎は『社会教育論』（明治二五年、金港堂）の「社会教育論序」において「本書を草する所以」を三つあげている。[4] すなわち（1）「……社会の風俗を一洗し勉めて教育と背馳するところなからしめざるべからず、而して之を為さんと欲せば先づ社会上流士人の自ら克己率先して社会に善良なる風紀を作るなり」、（2）「世の進歩するに従い貧富の度漸々懸隔して富者増々富み貧者増々貧に而して貧者日に多きを加え是等の細民は無学に一生を終へ遂には衣食の道を得る能はず胥ひ率いて党与を為し其甚しきものは或は発して社会黨となり共産黨となるに至る、其形跡既に欧米に顕れ今や彼国識者の大に注意する所となれり、而して之れを其未だ発せざるに防がんと欲せば社会の組織をして学校に昇らずして教育の徳澤に浴せしむるの道を講ずるの外あるべからず」そして（3）「……而して其因る所を究むれば我日本社会風紀の紊乱維新以来俗を為して矯正する所なきが故なり」とし、「以上三個の理由は本篇の眼目にして社会教育の神髄なれば茲に摘記して以て序と為す」と述べている。

同書は、「第一章　緒言、第二章　社会教育の必要、第三章　社会教育の性質、第四章　教育の普及、第五章　教育は社会を忘るべからず、第六章　社会教育の実例、第七章　日本社会の現状、第八章　宗教と社会教育、第九章　新聞と社会教育、第十章　社会と高等教育、附録　日新公伊呂波歌」から構成されているが、特に明治維新以来の社会問題等に対応して、本書を書いた理由として思想対策としての反社会主義的・労使協調主義的社会教育論を述べていたことは、冒頭にかかげた独立労働者教育をすすめた労働学校運動との関連で注目される。そのことは、「現にソシャリズムは欧米文明諸国に於ては適宜に之れを行ひ好結果を奏せしこと少なからず或経済学者は慈恵の公平に分配させられて一二の人に厚がらざるは当世に適当にして善良なるソシャリズムなりとの説を為せり」（第四章）という山名の文章からも理解されよう。「慈恵」は経済学的文脈で使われているが、山名の社会教育論は、「社会上流士人」による慈恵的社会教育論でもあった。一方で、慈恵的教育論から脱して、権利として教育・学習を捉える学習運動が展開される。

2　学習権思想の戦前的系譜

ここでは、自由民権運動下の学習結社、自由大学運動に限定して概略を述べたい。

（1）憲法創造の学習運動と五日市憲法草案[5]

明治一〇年代に自由民権運動が展開されるなかで、一八八〇（明治一三）年一〇月に国会期成同盟第二回大会が開催され、「来る大会（十四年十月）には各組憲法見込み案持参研究す可し」として、全国各地で学習結社がつくられた。明治一二年ごろから五日市では「学芸懇談会」という学習結社が組織され、毎月三回程度の討論会を開催していたとされる。それらの討論をもとに千葉卓三郎が起草した日本帝国憲法（私擬憲法草案。五日市憲法草案。一九六八年八月二七日、都下西多摩郡五日市町深沢の深沢家文書中に発見）は、全文二〇四か条で、国民の権利は第二篇第一章の四二から七七までの三六か条にわたり、教育については、七六「子弟ノ教育ニ於テ其学科及教授は自由ナルモノトス、然レドモ子弟小学ノ教育ハ父兄タル者ノ免ル可ラサル責任トス[6]」として、国家ではなく明確に国民の権利として教育の自由を規定している。宮原誠一は、自由民権期の学習運動を「青年の教育要求と国民的な中等教育要求の芽ぶき[7]」と評しているが、このような憲法創造の学習運動が展開された事実とそこにおいて実現された社会教育的価値は現代においてさらに継承されるべきであろう。その意味で三多摩の公民館職員集団を中心に五日市憲法草案づくりを描いた映画『轍』（東京都公民館連絡協議会、一九九八年）の取り組みは高く評価される。

(2)　自由大学運動(8)

一九八一年一〇月三一日・一一月一日、筆者は故小川利夫先生に誘われ、研究室の院生とともに秋の信州・上田で開催された「自由大学運動六〇周年記念集会」に参加した。二日間の集会そのものも刺激的であったが、当時九〇歳で自由大学で文学論を担当したタカクラ・テル氏自身から直接お話しを聞く機会を得た。タカクラ氏は「私は自由大学から頼まれて教える役割をしたんですが、実際は、自由大学から教わったんです。特に自由大学の会員である農民・労働者、その人たちから非常に大きな影響を受けまして、私のものの見方というのがだんだんですけれども根本的に変わりました」と話されたこと、そして自由大学の聴講生で、戦時中、村長も経験された佐々木忠綱氏が、当時役場吏員が出征するときに「おまえ絶対に死ぬなよ、どんなにしても生きて帰ってこいよ」と話されたことが今でも印象に残っている。戦前のあの厳しい時代であっても、学ぶことの意味とその可能性を示してくれたのが自由大学運動であったのである。

上田自由大学は、長野県上田市の東にある神川村の蚕種業者の青年であった金井正・山越脩造が一九一九（大正八）年に立ちあげた哲学会を通して京都大学の土田杏村とつながり、さらに上田市の猪坂直一も加わって一九二一（大正一〇）年一一月一日、上田市横町神職合議所を会場に始まった。信濃（上田）自由大学はその後一九三〇年まで続くが、福島自由大学（一九二三年）、魚沼自由大学（一九二二～二七年）、八海自由大学（一九二三～二六年）、伊那自由大学（一九二四～二九年）、上伊那自由大学（一九二四年）、松本自由大学（一九二五年）、群馬自由大学（一九二六年）、川口自由大学（一九二六～二七年）とひろがり、自由大学協会も組織され、『自由大学雑誌』（大正一四年一月発行の第一巻第一号から一二月まで一一号まで）も発行されている。ちなみに一九二一年一一月から翌年の四月までの第一期においては、法律哲学（恒藤恭）、文学論（高倉輝）、西洋哲学史（出隆）、哲学概論（土田杏村）、経済学（山口正太郎）、社会学（新明正道）であった。高倉テルは「自由大学は事実上農民の教養機関」であり、「ともあれ、これほど程度の高い農村の社会教育機関が全く農民自身の手によって経営されたとゆう事は世界のどこの歴史にもほとんど前例の無いことだ。それは教育史の上に特筆されなければならないと思う(9)」と評価している。

自由大学運動に深く関わった土田杏村は、「我々の自由大学の理念となるものは、実に右に論じたデモクラシイの前提及び目的となった教育の理念其のものに外ならぬ、自由大学の教育は、終生的の教育である、其れは社会的の教育である、其れは各人の固有する能力を完全に個性的に生長せしむる教育であるから、教育が何人かに独占せらるることを否定する。其れは本来社会的創造への参画を目的とするから、社会の労働を奪わず、却って其れの実現に参画しようと努める、其れは自己決定的の教育なるが故に、其の方法に於て自学的であり、其の設備に於て自治的である。此くして自由大学とは、労働する社会人が、社会的創造へ協同して個性的に参画し得るために、終生的に、自学的に、学ぶことの出来る、社会的、自治的の社会教育設備だといふことが出来るのである」（土田杏村「自由大学とは何か」一九二四年より）と述べている。今日の社会教育・生涯学習にとっても実に示唆的であり、自己教育運動としてのエッセンスがここに凝縮されているといっても過言ではない。

3　戦前社会教育行政と一九三〇年代後半の社会教育批判[10]

大人の政治意識に直接働きかける社会教育の営みは、常に支配層にとって関心事であった。日本においては、「第一条　国体ヲ変革シ又ハ私有財産制度ヲ否認スルコトヲ目的トシテ結社ヲ組織シ又ハ情ヲ知リテ之ニ加入シタル者ハ十年以下ノ懲役又ハ禁錮ニ処ス」とされた治安維持法（後に一九二八年に緊急勅令によって国体の変革については死刑罪・目的遂行罪を追加）が一九二五年四月二二日公布、五月一二日に施行されたが、普通選挙法は一九二五年四月二九日成立・五月五日公布であった。国民の政治思想を統制してから普通選挙制度を導入したわけである[11]。一九二九年に設置された社会教育局は教化総動員運動を進めるが、一九三七年七月盧溝橋における「北支事変」勃発後の八月には「国民精神総動員実施要項」が閣議決定され、この運動の主務局は社会教育局に置かれた。そして遂に戦時体制下のもとで、一九四二年に宗教局と社会教育局が統合されて強化局が新設され、ここに文部省社会教育局は消滅する。

このような三〇年代後半におけるまさにファシズムに向かう激動の時代に雑誌『教育』（岩波書店、

一九三七年九月号）が「社会教育」を特輯している。特輯の構成は、「社会教育の系統化」（城戸幡太郎）、「日本に於ける社会教育の特質」（清水幾太郎）、児童と社会教育：「校外教育の批判と展望」（大林宗嗣）、「児童と図書館・読書指導」（今澤慈海）、「児童と博物館其の他の観覧施設」（秋保安治）、青年と社会教育：「自由大学運動の経過とその意義─農村青年と社会教育─」（高倉テル）、「都市青年と社会教育」（松本征二）、「成人と社会教育」（早瀬利雄）、「婦人・家庭と社会教育」（羽仁説子）、「民衆の娯楽・休養と社会教育」（大森義太郎）、「大衆の体育」（暉峻義等）である。特集全体に貫いている思想は当時の社会教育に対する批判的意識である。筆者はこの時期においてもなお『教育』誌が良心的に特集を組んでいることに驚嘆を覚えるのであるが、特に注目したいのは、社会学者でもあった早瀬利雄論文である。

同論文は、「一　社会教育批判序説、二　社会教育としての成人教育、三　社会教育の社会性とその克服」から構成され、一では、「教育の社会的装置は政治、経済、文化の諸機制をふくむ全社会体制の一要素であるのみならず、階級的秩序の保存に役立つ支配的思想即ち一方的支配意思の表現たる支配階級的イデオロギーを大衆に教へ込むことによって彼らを現存秩序の保存に向って奉仕せしめんとする文化的手段の中枢をなすものである」としつつ、二では、広汎なる社会教育分野を挙げつつも、狭義なる社会教育は、「公共的乃至半官制の教育機関による大衆教化」であり、「本来的なものとして青少年教育及び成人教育、副次的なものとして軍隊、在郷軍人及び国防婦人会等の軍事的教育作業」を挙げ、成人教育における官制のものとして「文部省主催の成人教育講座、公民教育講座、労務者教育講座、婦人講座、母の講座など、その農村における農民道場、ラジオ国民講座及び公民講座、民衆図書館、夏季大学等の諸施設」を挙げている。そして、具体的に講座内容を分析して「成人教育講座も公民教育講座も本質的には比較的教育程度の低い社会大衆に向って半封建的＝市民的イデオロギーを注入し、それによって彼らの憂国熱＝郷土愛をあふり忠順と奉仕を要請するところの支配階級的教育なのである」と指摘している。さらに「『上から』の官僚的社会教育は、総じて『下から』の自発的要求をかへりみず画一的な教化内容を強制的に注入しようとする。社会教育の諸分野が非科学的な反動的国粋思想の鼓吹によって一色に塗りつぶされることは社会教育に自殺を強要するやうなものである」と述べ、結論的に「社会教育は飽くまで社会教育であって国家的教育と同一化さるべきものではない。真の社会教育は何よりも社会改造教育でなければならぬ……」と喝破している。

日本は、その後一九四一年にマレー半島に侵攻・ハワイ真珠湾攻撃を行ってアジア太平洋戦争に突入し、一九四五年八月には広島・長崎へ原爆が投下され、八月一五日にポツダム宣言を受諾して、アジアと日本に未曾有の被害を生み出した戦争が終了する。悲惨な戦争を繰り返さないために今、私たちは何をすべきか、考えるときである。

注

（1）　法政大学大原社会問題研究所編『大阪労働学校史―独立労働者教育の足跡―』法政大学出版局、一九八二年を参照のこと。同書には花香実「大阪労働学校の歴史的意義と性格」が所収されている。

（2）松田武雄『近代日本社会教育の成立』九州大学出版会、二〇〇四年を参照のこと。
（3）藤田英雄著『社会教育の歴史と課題』学苑社、一九七九年を参照のこと。
（4）山名次郎著『偉人秘話』実業の日本社、昭和一二年において、山名は『社会教育論』出版におけるエピソードを以下のように綴っている。「北海道師範学校長をやっている時、私は『社会教育論』と云ふ論文を書き、辞任帰京の時これを福澤先生にお見せした所が、先生は、『これは中々面白い、少し筆を入れて時事新報に署名して載せてはどうです』と云われたが、私は愚かにも、『これは出版するつもりです』と云って先生の厚意を断って金港堂から千部出版した。社会教育と云ふ言葉は今日に於いては普通になって居るが、当時は誰もこんなことを云った者はなかった」。
（5）この項は、藤田英雄著、前掲書を参考にした。
（6）色川大吉編『人間の権利叢書6　民衆憲法の創造―埋もれた多摩の人脈―』評論社、一九七〇年より。
（7）宮原誠一編『教育史』東洋経済新報社、一九六三年より。
（8）自由大学研究会編『自由大学運動と現代　自由大学運動六〇周年集会報告集』を参照。
（9）高倉テル「自由大学運動の経過とその意義―農村青年と社会教育―」『教育　特輯　社会教育』岩波書店、一九三七年九月。
（10）戦前社会教育行政の大まかな推移については、拙稿「社会教育行政の歴史と課題―文部科学省生涯学習政策局・社会教育課『廃止』を問う―」『月刊社会教育』二〇一八年一月号を参照されたい。
（11）「平成の治安維持法」ともいわれる共謀罪については、住民の自主的な学習活動や運動が日常的に監視対象とされる危険性があるという意味で学びの自由と権利に深く関わる。共謀罪の国会審議で金田勝年法務大臣が「ビールと弁当を持っていたら花見、地図と双眼鏡なら犯罪の下見だ」と答弁したが、戦前の治安維持法体制下においても、尾形半著『特高警察読本』松華堂書店、一九三二年の「後編　社会運動を如何に取締まるか」の中で「集会の内偵」の四項目目に「労働者学生等の遊山花見」を挙げ、「之には最初から、秘密主義で、唯外見のみをピクニックと装うものと、最初真にピクニックであったものが途中集会に変化するものとある。前者の例を吾々は彼の第二次共産党創立大会に見るのである。東京本所の日本蓄電地株式会社の慰安会と云う触れ込みで行れた、雪深き温泉宿における一夜の酒宴が、あの様に重大な会合であったことは深く銘記する必要があらう」と指摘している。

第10章　憲法・教育基本法制と社会教育法「改正」の歴史

「国民の自己教育であり、相互教育であり、自由と機動性を本質とする社会教育にあっては、その法制化に当って考えるべき無数の問題が存しているのである。……社会教育の自由の獲得のために、社会教育法は生まれたのである……もちろん社会教育法は社会教育活動の全面に亘って、これを規制しようとするのではない。常に国、地方公共団体というような権力的な組織との関係において、その責任と負担とを明らかにすることによって、社会教育の自由の分野を保障しようとするのが社会教育法制化のねらいであって、その限度以上に進出して、却って社会教育の自由を破るような法制となることを極力慎まなければならないのである」（文部省社会教育課長・寺中作雄著『社会教育法解説』一九四九年の「序」より）。

はじめに

冒頭に掲げた寺中作雄の文章は、明治憲法・教育勅語体制から、憲法・教育基本法制へ、という時代の転換期を背景に書かれたものであるが、しかし、この文章が書かれてから七〇年を経た現代日本における社会教育をめぐる風景はどうであろうか。さいたま市公民館で起きた九条俳句不掲載事件をはじめ、「社会教育の自由と権利」を侵害する事例が各地で起こっている。中央教育審議会において議論された公立社会教育施設の所管問題も、首長部局へ移管しうる特例が法的に認められ、社会教育への権力的統制＝社会教育の自由と権利が侵害される可能性が十分ある。

憲法の精神に則り制定された一九四七年教育基本法は、前文で「われらは、さきに、日本国憲法を確定し、民主的で文化的な国家を建設して、世界の平和と人類の福祉に貢献しようとする決意を示した。この理想の実現は、根本において教育の力にまつべきものである」として、憲法が掲げた理想を実現するうえで教育の力に大きな期待を寄せた。教育基本法が準憲法的性格を持ち、教育憲法と言われる所以である。そしてその教育基本法の精神に則り制定されたのが一九四九年社会教育法である。しかし、その社会教育法は、これまでに四〇回を超える改正を数え[1]、憲法・教育基本法・社会教育法のもとでの「社会教育の自由と権利」を保障する法的仕組みは空洞化され続けている。もちろん、立法時社会教育法自体にもさまざまな矛盾や課題を抱えていたのも事実であるが、法制定からの今日までの七〇年の歴史は、基本的には社会教育の自由と権利をより豊かに地域で実現しようとする運動と社会教育への上からの権力的統制を強化しようとする政策的動向との矛盾のなかで推移してきた歴史であったといえよう。戦後憲法・教育基本法制のもとでの教育権・学習権思想の深化を踏まえたうえで、社会教育法において「権利としての社会教育」がどのように構造化され、また、それが度重なる改正のもとでどのように変容し、空洞化されてきたのかを概観してみたい。なお本章では、二〇〇八年法改正までをとりあげる。

1　日本国憲法第二六条の教育権規定と学習権思想の発展

憲法第二六条（教育を受ける権利・教育を受けさせる権利）は「すべて国民は、法律に定めるところにより、その能力に応じて、ひとしく教育を受ける権利を有する。②すべて国民は、法律に定めるところにより、その保護する子女に普通教育を受けさせる義務を負ふ。義務教育は、これを無償とする」と規定している。「教育を受ける権利」は、憲法第一一条に規定された基本的人権として位置づけられ、「個人の尊重・幸福追求権」（第一三条）、「法の下の平等」（第一四条）、「思想及び良心の自由」（第一九条）、「信教の自由」（第二〇条）、「集会・結社・表現の自由、通信の秘密」（第二一条）、「学問の自由」（第二三条）などの自由権的諸権利と深く結びつきながら、第二五条（生存権・国の社会的使命）、第二七条「勤労の権利及び義務。勤労条件の基準、児童酷使の禁止」と共に社会権的権利として憲法上規定されている。憲法上の「教育を受ける権利」は、このように社会権として「国家に対する国民個人の教育機会の整備に向けた請求権を意味する」（西原博史）と同時に、今日では、人間の発達や人間の本質にとっての学習の意味が問い返され、「人権思想の発展的契機としての国民の学習権」（堀尾輝久）として深められてきている。事実、第二次家永教科書訴訟一審判決（杉本判決）は「子どもは未来における可能性を持つ存在であることを本質とするから、将来においてその人間性を十分に開花させるべく自ら学習し、事物を知り、これによって自らを成長させることが子どもの生来的権利であり、このような子どもの学習する権利を保障するために教育を授けることは国民的課題である」（東京地判一九七〇）とされ、さらに最高裁旭川学力テスト判決（一九七六）においても「［本条の］規定の背後には、国民各自が、一個の人間として、また、一市民として、成長、発達し、自己の人格を完成、実現するために必要な学習をする固有の権利を有すること、特に、みずから学習することのできない子どもは、その学習要求を充足するための教育を自己に施すことを大人一般に対して要求する権利を有するとの観念が存在している」として、教育を受ける権利の基礎に学習権が存在することが判例においても確認されてきているのである。

2　一九四九年社会教育法における権利構造

社会教育法は、憲法・旧教育基本法制のもと、戦後教育改革の一環として一九四九年に制定された。

天皇制教学体制に深く組み込まれた戦前社会教育を反省し、勅令主義から法律主義への転換のもと、旧教育基本法・学校教育法・旧教育委員会法をうけ、広く学校教育以外において権利としての社会教育を保障しようとしたもので、同法第一条は「この法律は教育基本法（昭和二二年法律第二五号）の精神に則り、社会教育に関する国及び地方公共団体の任務を明らかにすることを目的とする」として、極めて明快に法制化の目的を明らかにしている。

立法時社会教育法が規定した条文の主な特徴を挙げるならば、第一に、国民の自主的な社会教育活動を「助長奨励」（一九四九年、柴沼直社会教育局長説明）するために「国及び地方公共団体は、すべての国民があらゆる機会、あらゆる場所を利用して、自ら実際生活に即する文化的教養を高め得るような環境を醸成するように努めなければならない」（第三条）として、旧教育基本法第一〇条（教育行政）における「諸条件の整備確立」をうけて国や地方自治体の公的「環境醸成」責務を明確にした点である。第二は、旧教育基本法第七条（社会教育）を受けて、社会教育施設としての公民館制度の法制的整備をはかった点である。第三は、「社会教育の自由」を守るために、社会教育関係団体に対する権力的な統制を強く禁止している点である。文部大臣・教育委員会の社会教育関係団体にたいする「求めに応じ」た援助のあり方（第一一条）をはじめ、第一二条は「国及び地方公共団体は、社会教育関係団体に対し、いかなる方法によっても、不当に統制的支配を及ぼし、またはその事業に干渉を加えてはならない」とした。憲法第八九条を受け、さらに占領下のＣＩ＆Ｅ（民間情報教育局）による指導もあって旧一三条は「国及び地方公共団体は、社会教育関係団体に対し、補助金を与えてはならない」として補助金支出を明確に禁止していたことが注目される。いわゆるノーサポートノーコントロールを原則としたのである。そして第四に社会教育における住民自治ないし住民参加システムを有していることである。たとえば社会教育委員制度は、第一七条で教育委員会にたいする助言機関として設置され、さらに第二九条で公民館運営に住民意思を反映させるための必置制の公民館運営審議会を規定していたことも重要である。

3　一九五九年の社会教育法「大改正」

公選制教育委員会法が一九五六年の地方教育行政法によって首長の任命制に強権的に変えられるなど、五〇年代に展開された反動的文教政策は、六〇年の安保条約改定を前にさらに社会教育の反動的再編をも準備していく。一九五九年の社会教育法改正は、社会教育法の民主的理念を大きな転換させるものであり、またその改正の規模から言っても社会教育法「大改正」と呼ばれているが、ここでは主な改正点に言及してみたい。

まず、第一は、社会教育関係団体への補助金支出を定めていた旧一三条が全面削除され、サポートアンドコントロールの危険性が強まったことである。公の支配に属さない社会教育関係団体は、憲法第八九条の規定からいって公金支出禁止は自明のことであった。政府は教育概念を狭く捉えることによって「教育でない事業」に補助金支出を可能にするという極めて矛盾する立場をとって「改正」を強行したのである。第二は、第九条の五（社会教育主事の講習）から「教育に関する学科又は学部を有する」を削り、「その他の教育機関」を加えて大学以外での社会教育主事講習への道を開いたことである。大学における専門職養成という原則を崩し、文部省自らが社会教育主事養成を行うことができるように変更したのである。第三は、第一七条三項の新設によって社会教育委員に青少年教育に関する助言・指導権が付与されたことである。これも指導行政の強化の現れといえる。第四に、公民館に関わっては、市町村合併を背景にして第二一条三項に分館規定を新設、第二九条改正によるそれまで各館配置だった公民館運営審議会の共同設置を可能にし、また、第一九条削除による公民館運営審議会委員に対する報酬費支出が可能になったことなど、その後の公民館運営審議会の形骸化をもたらした制度的改悪がいくつも行われた。第五は、第二七条に「主事」規定を新設したことである。

戦後、公民館関係者は福島で開催された第一回全国公民館大会（一九五二年）以降、公民館職員の身分保障などを求めて公民館単行法制定運動を展開していたが、改正された条文は「公民館に館長を置き、主事その他必要な職員を置くことができる」として「主事」規定を新設したものの任意設置とするなど、極めて不十分なものであった。五一年改正時に文部省が社会教育主事を指導主事と並んでその専門職性を高めようとしたことを想起するならば公民館主事に対するこの対応は雲泥の差と言わねばならない。なお、関連して第二三の二（公民館の基準）が新設され「公民館の設置及び運営に関する基準」（文部省告示）が出された。「公民館には、専任の館長及び主事を置き、……　2　公民館の館長及び主事は、社会教育に関し、識見と経験を有し、かつ公民館の事業に関する専門的な知識と技術を有する者をもって充てるように努めるものとする」（第五条）など、その後の公民館整備に可能性を与えたといえるが、二〇〇三年には「全部改正」された。(2)

4　地方分権一括法による社会教育法「改正」

一九九九年三月二六日、社会教育関連法「改正」を含む「地方分権の推進を図るための関係法律の整備等に関する法律案」（地方分権一括法案）が閣議決定され、三月二九日に国会に上程。衆議院では行政改革特別委員会で一括審議され、社会教育法は一切審議されずに可決され、参議院の審議を経て七月八日に可決成立した。地方分権一括法案は、四次にわたる地方分権推進委員会勧告を受けて決定された地方分権推進計画（一九九八年五月二九日、その後一一月一九日に五次勧告が出されている）に基づいて作成されたものであるが、その内容については、社会教育法の根幹を揺るがすようなきわめて重大な問題をもっていた。

すなわち、第一五条（社会教育委員の構成）では、「社会教育委員の委員構成に関する規定の簡素化と委嘱手続き規定の削除」を行い、特に社会教育関係団体からの「選挙その他の方法」による住民の自主的委員選任権の剥奪と、教育長が作成した候補者名簿に対する教育委員会の再提出要求権（第一五条第四項）を剥奪した。第一六条（社会教育委員と公民館運営審議会委員との関係）は、公民館運営審議会の任意設置化にともなって全文削除された。第二八条の公民館長の任命に係る公民館運営審議会への意見聴取義務の廃止は、館長任命に対する住民の意見表明権を否定し、教育機関としての独立性を弱めた。第二九条（公民館運営審議会）では、公民館運営審議会の必置制の廃止・委員構成の簡素化・委員の委嘱手続き規定が削除され、公民館運営に対する住民の意思反映ルートが大きく後退させられ、また委員構成の簡素化による「学校教育及び社会教育の関係者並びに学識経験のある者」という規定によって、委員選出の範囲は「改正」前よりもかえって狭まった。また、社会教育委員と同じく、二号委員を構成する各種団体による自主的委員選任権を否定したことも極めて重大な後退である。

全体として住民の自己決定権を拡充する地方分権どころか、住民参加と住民自治を否定する中央集権的改悪であった。なお、青年学級振興法廃止に伴って社会教育法に規定された関連条文が削除された。即ち社会教育法第五条（市町村の教育委員会の事務）の「五　青年学級の開設及び運営に関すること」、第六条（都道府県の教育委員会の事務）の「四　青年学級の奨励に関すること」、第二二条（公民館の事業）の「一　青年学級を実施すること」、そして第四七条の二（青年学級）の全文が削除された。法が廃止されたとはいえ、これらは極めて形式主義的法改正であって、地域で子ども・青年の教育が極めて今日的課題になっているにもかかわらずこれらの規定を削除することは文部科学省自らが青年教育を放棄したに等しいといわざるを得ない。

なお、第二次勧告に基づいて「公民館には、専任の館長及び主事を置き……」（文部省令「公民館の設置及び運営に関する基準」）から「専任」の二文字が削除された。地方分権推進委員会は地方自治体の自主組織権を侵害するという理由で専門職必置制に対して否定的であったが、法レベルの社会教育主事必置制をそのままにして省令レベルの専任制を問題にするのは明らかに矛盾するものであった。

5　教育改革国民会議と二〇〇一年社会教育法改正

二〇〇一年三月一三日に閣議決定され、第一五一回国会に上程された法改正案は、教育改革国民会議最終報告（二〇〇〇年一二月）と生涯学習審議会社会教育分科審議会「家庭の教育力の充実のための社会教育行政の体制整備について」（報告）などをうけた文部科学省「二一世紀教育新生プラン」による教育改革法案の一環としてだされたものである。二〇〇一年法改正は社会教育法の根幹をなす第三条改正に踏み込むと同時に、家庭教育や青少年に対する社会奉仕体験活動などを教育委員会の事務に規定することによって社会教育の国家統制に大きく踏み込んだ改正となった。ここでは、問題点を四点指摘しておこう。

まず、第一に第三条二項を新設して「学校教育との連携の確保」「家庭教育の向上に資する」という文言を加えて社会教育に方向性を与えたことである。第二に、教育委員会の事務に「事業の実施」を明記した点である。第五条（市町村教育委員会の事務）に「家庭教育に関する学習の機会を提供するための講座の開設……」「青少年に対し社会奉仕体験活動、自然体験活動その他の体験活動の機会を提供する事業の実施……」などが追加された。特に事業という概念を教育委員会の事務の例示に加えた点は、現行社会教育法における事務と事業の区別をいっそうあいまいにするものであり、立法技術としても極めて問題がある。

文部省はかつて「市町村教育委員会は、公民館その他の社会教育施設の充実に努め、これらの施設を通じて社会教育事業を行なうことを原則とし、直接市町村住民を対象とする社会教育事業を行なうことはできるだけ抑制すること」（「社会教育審議会答申『急激な社会構造に対処する社会教育のあり方について』の写しについて」（昭和四六・五・一五・文社第一〇五号、社会教育局長通知より）と指摘していた。このことを想起すべきであろう。

第三に、社会教育委員・公民館運営審議会委員に追加規定を行ったことである。一九九九年の地方分権一括法によって委員規定の「簡素化」等が行われたが、今回は、社会教育委員・公民館運営審議会委員に「家庭教育の向上に資する活動を行なう者」とする委員規定を追加した。これは文部省が言ってきた「地方分権」や「弾力化」「簡素化」という論理に自ら反する改正を行ったといえよう。そして、第四に社会教育主事講習の受講資格の緩和を行った点である。文部科学省の社会教育主事養成政策は、短期の社会教育主事講習以外にも多くの大学でフルタイムの学生が社会教育主事として養成されている事実をまったく無視している。今回の資格要件の緩和も主事講習に関わる措置であってわが国における社会教育主事養成の全体的構造を視野に入れたものではない。また、受講資格要件にかかわって「官公署又は社会教育関係団体が実施する社会教育に関係のある事業における業務であつて、社会教育主事として必要な知識又は技能の習得に資するものとして文部科学大臣が指定するものに従事した期間」（改正案第九条の四一号のハ）が算定される。文部科学省のウェブサイトには、期間が算定される社会教育関係団体が例示されているが、これなどは明らかに国家による社会教育活動の水路付けである。

6　教育基本法「全部改正」を受けた二〇〇八年社会教育法改正

そして、二〇〇六年教育基本法第三条を受けた社会教育法改正が二〇〇八年に具体化することになる。すなわち、社会教育法第三条第二項に「国及び地方公共団体は、前項の任務を行うに当たつては、国民の学習に対する多様な需要を踏まえ、これに適切に対応するために必要な学習の機会の提供及びその奨励を行うことにより、生涯学習の振興に寄与することとなるよう努めるものとする」という条文が新設されたのである。ここでは、「需要」という言葉に象徴されるように、人々の学習の営みを教育権・学習権として捉えるのではなく、需要・供給の市場メカニズムで捉えるものであって、このような学習観は、まさに新自由主義的生涯学習観であって、第四回国際成人教育会議でのユネスコ学習権宣言（一九八五年）、第五回国際成人教育会議でのハンブルグ宣言、そして二〇〇九年一二月に開催されたブラジル・ベレムで開催された第六回国際成人教育会議「行動のためのベレムフレームワーク」など、国際的に承認された学習権思想からも逸脱していると言わざるをえない。(3) このような学習を商品と捉える傾向は、「受益者負担論」にもとづく有料化と結びつき、社会教育の市場化・民営化をもおしすすめることにもなろう。さらに、社会教育行政を学校教育支援・家庭教育支援行政へとシフトさせる改正（第三条三、第五条七、第五条一三、第五条一五、第九条の三）も合わせて行われた。これらを改めてみると、二〇〇八年社会教育法改正がいかに学校教育支援・家庭教育支援にシフトしたものであったかが理解されよう。特に、第三条の三は、二〇〇六年教育基本法第一三条（学校、家庭及び地域住民等の相互の連携協力）を受けたものであるが、いわば「連携協力」が社会教育を学校支援や家庭教育支援へと特化ないしシフトさせていく梃子となっているのである。さらに、「家庭教育に関する情報の提供」や「学習の成果の活用」の名のもとに住民を「活動の機会を提供する事業」に「参加」させることは、住民の学習を行政が水路づけたり、方向づけたりする危険性を有しており、地域住民の自由で自主的な学びをサポートするという社会教育行政の本来の任務を逸脱していく可能性があるといわざるを得ない。このような認識は、法改正を行った立法府自身の認識でもあって、社会教育法改正時の衆議院文部科学委員会で、全会一致で採択された附帯決議（二〇〇六年五月二三日）における「自発的意思で行われる学習に対して行政の介入とならないよう留意すること」などはまさにその反映であったのである。

注

（1）「社会教育法提案趣旨・改正経過」社会教育推進全国協議会編『社会教育・生涯学習ハンドブック第九版』エイデル研究所、二〇一七年を参照されたい。

（2）　二〇〇三年の「全部改正」の問題点については、長澤成次著『現代生涯学習と社会教育の自由』学文社、二〇〇六年を参照のこと。

（3）　第六回ユネスコ国際成人教育会議（二〇〇九年一二月四日）で採択された文書「実行可能な（viable）未来に向けての成人の学習・教育の力と潜在力の活用―行動のためのベレムフレームワーク―」の前文・第一項に掲げられた「成人教育は教育への権利の不可欠の要素として認められるものであり、したがって我々はすべての若者と成人がこの権利を行使することを可能にする新しくかつ緊急の行動方針を策定することを必要としている」を参照のこと。

第11章　権利としての社会教育を求めて

――一九七一年社会教育審議会答申と一九七〇年前後の「社会教育法全部改正案」をあらためて読む

「社会教育という概念は、従来、ややもすると狭い枠の中でとらえられる傾向があったが、今後、そのあり方を考えるにあたっては、ひとびとの日常生活の中でのあらゆる学習活動に対する教育的配慮として広くとらえる必要がある。……」（傍点筆者、社会教育審議会「急激な社会構造の変化に対処する社会教育のあり方について」一九七一年四月三〇日より）。

「『九州自然を守る志布志研究大集会』は、今日国民の重大な関心事である。とりわけ大隅地域住民にとっては死活にかかわる問題となっている『地域開発と公害』の問題について学習し、地域の生活と生産の発展方向を探ることを課題とする極めて大切な研究と学習の集まりであった。それは、地域住民が地方自治の主体的な担い手となるための不可欠の学習・教育活動であり、国民の学習する権利、住民の基本的権利にもとづくものである。……しかるに、志布志町の教育長ならびに教育委員会は、本集会第七分科会『自然と人間教育』の会場借用申し入れを不当に拒否し、集会の開催に妨害を加えたのである。……わたしたちは、住民の学習の権利をふみにじり、地方行政の自主権を自ら放棄し、恣意的な不法不当な学校管理を行なっている町教育長、ならびにそれを追認している町教育委員会に厳重に抗議し、陳謝を要求する。……」（傍点筆者、九州自然を守る志布志研究大集会「住民の学習権尊重を要求する決議」一九七二年四月三〇日）。

はじめに

七〇年代初頭のこの二つの文書は、権利としての社会教育をめぐる彼我の状況を実に鮮やかに示している。本来、国の社会教育政策は、憲法・教育基本法・社会教育法に基づき、権利としての社会教育の理念を具体的に推進するための施策から構成されなければならない。ところが、現実には、国の社会教育政策は、基本的人権としての教育権・学習権思想を守り発展させる方向ではなく、むしろ権利思想を後退させ空洞化させる「法改正」を重ねてきた。一九七一年社会教育審議会答申「急激な社会構造の変化に対処する社会教育のあり方について」と、当時文部省が準備していた法改正に関連する「社会教育法等の改正にあたって検討すべき問題点・社会教育法改正に関する十五の問題点」（一九七〇年一〇月）、そして「社会教育法の一部を改正する法律草稿（案）・法律案問答集」（一九七二年一一月）をあらためて検討するなかで、時々の社会教育政策がいかに今日の社会教育の現実を規定してきたか、その実例として取り上げてみたい。

1　生涯教育の観点に立って教育の全体計画立案を求めた一九七一年社会教育審議会答申

「生涯教育」を社会教育政策上に明確に位置づけた一九七一年社教審答申「急激な社会構造の変化に対処する社会教育のあり方について」は、戦後日本の高度経済成長のもとで引き起こされたさまざまな問題を「いわゆる個性の喪失、人間疎外、世代間の断絶、地域連帯意識の減退、交通災害、公害、自然の破壊など好ましくない現象を引き起こしている」と概括し、このような変化のもとで「留意」すべき諸点の第一に「今後、生涯教育の観点に立って学校教育を含めた教育の全体計画を立案することが必要となってくるが、その中において社会教育を正しく位置づけるとともに、生涯教育において社会教育が今後果たすべき役割の重要性にかんがみ、社会教育行政の施策の充実展開を図るべきこと」を挙げている。そして「今日、あらゆる教育は生涯教育の観点から再検討を迫られているといってよい」と指摘している。社会教育審議会は、その後、各論的に「在学青少年に対する社会教育の在り方について」（建議、一九七四年四月二六日）、「市町村における社会教育指導者の充実強化のための施策について」（答申、一九七四年六月二四日）、「乳幼児期における家庭教育の振興方策について」（建議、一九七四年六月二四日）、「青少年の特性と社会教育」（答申、一九八一年五月九日）をまとめていくが、一〇年後の一九八一年に中央教育審議会が答申「生涯教育について」を出すことになる。そこでは「……この生涯学習のために、自ら学習する意欲と能力を養い、社会の様々な教育機能を相互の関連性を考慮しつつ総合的に整備・充実しようとするのが生涯教育の考え方である。言い換えれば、生涯教育とは、国民一人一人が充実した人生を送ることを目指して生涯にわたって行う学習を助けるために、教育制度全体がその上に打ち立てられる基本的な理念である」と位置づけている。ところが同答申による生涯教育政策は、すぐさま一九八四年の中曽根内閣によって設置された臨時教育審議会によって生涯学習政策へと転換させられ、一九八八年の文部省社会教育局の廃止・生涯学習局の登場とつながっていくのである。今回の文部科学省組織再編による生涯学習政策局・社会教育課の廃止という事実をあらためて歴史の流れに位置付けてみると「生涯学習政策」が媒介となって社会教育行政の弱体化が引き起こされたとみることができる。

2　公民館主事の専門職制度化ではなく社会教育主事有資格者の配置の意味するもの

七一年答申は、「公民館における専任主事の設置状況は、本館についてさえも三分の一に達しない状態である。また、その職務の専門性が明確でなく、任用資格は定められておらず、身分・処遇のうえでも特別の措置が講ぜられていない。これが、公民館主事に有用な人材を得ることのあい路になっていると思われる」として公民館主事をめぐる問題状況を認識しながら、「社会教育行政の当面の重点」として「社会教育主事の重要性とその整備充実」をあげて「ア　設置の充実を図ること、イ　派遣社会教育主事方式を勧奨すること、ウ　公民館、青年の家等に社会教育主事有資格者を配置すること、エ　養成制度の改善を図ること、オ　研修を充実し、および処遇改善を図ること」の五点を掲げている。ウでは「現在、公民館の主事の資格は格別に定められていない。……今後、これらの職員についても、社会教育主事に要請される専門性が同様に必要とされると考えられるので、公民館の主事や青年の家指導者に社会教育主事の資格を有する者をもって充てることとする必要がある」としている。

この文書を読んで筆者は、七一年社教審答申が、公民館主事制度創設を放棄し、社会教育主事有資格者配置政策を選択するという分岐点に位置づく政策的表明であったと考える。思えば、専門職としての公民館主事制度化は、一九五一年の社会教育主事制度創設に端を発し、公民館関係者の切実な要望でもあった公民館主事制度の充実は、一九五九年社会教育法大「改正」によっても基本的に実現することはなかった。(1) 同「改正」によって公民館の「主事」規定は任意設置にとどまり、第二三条の二(公民館の基準)の新設によって「公民館には、専任の館長及び主事を置き、公民館の規模及び活動状況に応じて主事の数を増加するように務めるものとする。2　公民館の館長及び主事は、社会教育に関し、識見と経験を有し、かつ公民館の事業に関する専門的な知識と技術を有する者をもって充てるように努めるものとする」(「公民館の設置及び運営に関する基準」第五条)とされて、公民館主事制度をめぐっては一定の前進をしたものの、その後の経過は、一九九八年の地方分権推進委員会勧告を受けて「公民館には、専任の館長及び主事を置き」（第五条）から「専任の」が削除され、さらに二〇〇三年六月六日の「公民館の設置及び運営に関する基準」全面改訂によって「公民館に館長を置き、公民館の規模及び活動状況に応じて主事その他必要な職員を置くよう努めるものとする」（第八条）とされ、主事の必置規定と主事数増加の努力義務が削除された。要するに、今日に至るまで、国は公民館主事制度を一貫して軽視し後退させ、政策的には社会教育主事制度のみに議論を集中させてきたのである。

3　派遣社会教育主事制度をめぐって

このような国の社会教育政策の矛盾が集中的に現れたのが派遣社会教育主事問題である。七一年答申は、前述したように「派遣社会教育主事方式を勧奨すること」として「現在、全国ですでに十数県が社会教育主事未設置市町村の解消と指導力の向上等を目途にいわゆる派遣社会教育主事の方式を採用実施してきている。これは主として学校の教職員を県の事務局の職員にしたうえで市町村に社会教育主事として派遣するもので……このような方式をくふうし、学校教職員と社会教育主事との交流を行うことによって、社会教育における指導力の向上、社会教育主事の広域的人事交流、学校と社会教育との連携を図ることがたいせつである」と指摘していた。答申から三年後の一九七四年に、社会教育主事の給与を都道府県が負担し国がその給与の二分の一を補助して市町村に派遣するという派遣社会教育主事制度が予算措置によって実施される。同制度は、県派遣社会教育主事による市町村社会教育主事・社会教育職員への上からの指導・統制強化の危険性を生むとともに学校教員の管理職登用や人事政策にも利用された。また同制度は国立大学での社会教育主事講習と深く結びついて運用された。なお一九九八年に算定基準が地方交付税交付金に組み込まれて一般財源化され、事実上国庫補助制度は廃止されている。

4　一九七〇年前後の社会教育法全部改正案をめぐって

71年社教審答申は「まえがき」のなかで「……さらに現行法令の改正を含むより具体的方策の検討が必要であること」と指摘していたが、文部省は、答申が出される前に「社会教育法等の改正にあたって検討すべき問題点・社会教育法改正に関する十五の問題点」（一九七〇年一〇月）をまとめ、答申後には「社会教育法の一部を改正する法律草稿（案）・法律案問答集」（一九七二年一一月）をまとめている。(2)

（1）「社会教育法等の改正に当たって検討すべき問題点・社会教育法改正に関する十五の問題点」の問題性について

「社会教育法等の改正に当たって検討すべき問題点」では以下のような項目が出されていた。すなわち「現行法の構成に問題はないか」「社会教育の定義を改める必要はないか」「関連行政との協力や行政の広域化を容易にするための制度的工夫はないか」「社会教育主事の職務規定を改める必要はないか」「社会教育主事の職務又は資格を上級と下級の二段階に分けることはどうか」「社会教育主事と学校教員との交流を円滑にする規定を設けることはできないか」「各種の情報の提供、補助金の支出、社会教育事業の委嘱をより効果的に行ない得るようにするとともに、税制上の優遇措置の拡充をすすめるべき団体の範囲を明かにするため、社会教育団体の登録制度を設けたらどうか」「国及び民間が拠出した資金、寄付金に基づき、社会教育団体に対する助成、通信教育実施団体への融資等を行なう社会教育振興財団を設ける必要はないか」「……図書館法、博物館法を一本化することはどうか」「……職員の置かれない『公民館』は集会所とし、職員が置かれている『公民館』と区別した取り扱いにすることはどうか」「各種の関連社会教育施設を集中的に整備し、施設相互間の連携を図るとともに、施設の環境を周囲の環境も含めて保全するため、一定の条件の下に、社会教育施設を総合的に整備する地区を国が指定し、国が指定地区内の社会教育施設の整備に必要な財源措置を講じる構想をもり込むことはどうか(3)」「公民館の主事は、社会教育主事の有資格者をもって充てることにすることはどうか」などである。

これらはさらに「社会教育法改正に関する十五の問題点」においてより法文に近い形で提案され、たとえば「第三　次のような基本的目標を掲げることの可否　第　条（国及び地方公共団体の責務）すべての国民は生涯にわたって心身の育成につとめ、不断に自己啓発を続けるためあらゆる機会とあらゆる場所を利用して、容易に社会教育を受けられるように配慮されるものとする……」「第六　現行の社会教育主事のほかに次のような職制を設けることの可否　第　条（社会教育参事）」「第七　社会教育行政の専門職員と学校教育との交流を円滑にする規定を設けることの可否　第　条（充て社会教育参事及び充て社会教育主事）社会教育参事又は社会教育主事は、それぞれ社会教育参事又は社会教育主事の資格を有する公立学校の教育職員（教育公務員特例法第二条第二項に規定する教員をいう）を持って充てることができる」などとされた。

戦後社会教育の民主的理念を大きく崩しかねない内容が列挙された社会教育法全面改正案は、結果的には一九七二年五月に断念させられ、派遣社会教育主事制度に限定した法改正案「社会教育法の一部を改正する法律草稿（案）・法律案問答集」（一九七二年一一月）も大蔵省の了解を得られず、法改正案は上程されることはなかった(4)。しかし、法改正はなされなかったとはいえ、文部省自身がどのような社会教育観を持ち、どのような社会教育職員像を持っているのかを如実に示すことになった。

5　権利としての社会教育と「配慮」としての社会教育観

戦後の憲法・教育基本法・社会教育法制は、一九五三年に日本青年団協議会による青年学級法制化反対運動が展開される中で制定された青年学級振興法（一九九九年の地方分権一括法によって廃止）、一九五九年の社会教育大「改正」、今回取りあげた一九七〇年法改正問題、一九九〇年の生涯学習振興法制定問題、一九九九年の地方分権一括法による社会教育法「改正」、二〇〇六年教育基本法「全部改正」を受けた社会教育法「改正」、そして今回の第九次地方分権一括法による社会教育法「改正」という七つの大きな時代的試練を受けてきたといってよい。そのいずれにおいても、憲法で保障された基本的人権としての教育権・学習権思想と社会教育法に内在する学習の自由と自治の権利思想が問われた。なぜ「すべての国民は……容易に社会教育を受けられるように配慮されるもの」（文部省、一九七〇年）でなければならないのか。人権としての教育権論・学習権論から遠くかけ離れた「配慮」論は、前時代的な慈恵的教育論から一歩も出ていない。そしてこの社会教育観はきわめて根強く、二〇年後の生涯学習振興法第二条（施策における配慮等）において「国及び地方公共団体は、この法律に規定する生涯学習の振興のための施策を実施するに当たっては、学習に関する自発的意思を尊重するよう配慮するとともに……」（傍点筆者）という法文になって復活し、二〇〇八年社会教育法「改正」では、「国民の学習に対する多様な需要を踏まえ」（第三条二項）とされて、「配慮」論も投げ出して「国民の学習」を市場原理にさらすという新自由主義的学習観に至っているのである。ここに人権思想を見出すことは困難である。

注

（1）近畿公民館主事会「社会教育法改正問題討議報告」（一九五八年二月二六日、ガリ版刷り）は、「今次改正案を検討して、その偽りのない所見を端的に表明するならば、それは『パンを求めて、石を与えられた』という言葉を引用することが最も適切であるように思われる。これまでわれわれは、あらゆる場所において社会教育法の全面的改正を唱え、あらゆる機会をとらえて。公民館（単行）法の制定を要望してきた。そしていま漸く文部省をはじめ関係当局の深い関心と努力とによって、それが実現を見ようとしている。然し、法が改正されるという事象はかち得たが、その実質的な内容は、われわれが望んでいたものとは、遠く离れているものであることを悲しまざるを得ない」と述べている。

（2）社会教育推進全国協議会『復刻「社全協通信（第一分冊）」―社全協二五周年資料集（1）』（一九八六年八月）を参照のこと。

（3）この「社会教育施設の総合的整備地区の設定について」は、一九九〇年七月一日に施行された「生涯学習の振興のための施策の推進体制等の整備に関する法律」（生涯学習振興整備法）第五条の地域生涯学習振興基本構想とその基本的発想が同じであることに驚かされる。

（4）千野陽一監修・社会教育推進全国協議会編『現代日本の社会教育―社会教育運動の展開―増補版』エイデル研究所、二〇一五年を参照のこと。

おわりに

憲法・教育基本法（一九四七年）を受けて社会教育法（一九四九年六月一〇日公布）が公布されてから今年で七〇年を迎えた。立法時社会教育法はこれまでに四〇回を超える改正を重ねており、現行社会教育法を読むことによって制定時社会教育法の姿を読みとることが困難になってきている。筆者は、過去に立法時社会教育法と現行社会教育法（当時）を対照表にする試みを行ったことがあるが（拙著『現代生涯学習と社会教育の自由』学文社、二〇〇六年）、七〇年という歴史をくぐってきた社会教育法をあらためて多くの読者に読んでいただきたく、文部省社会教育課長・寺中作雄著『社会教育法解説』（社会教育図書株式会社、一九四九年七月二〇日）の巻末「附録」をもとに、立法時社会教育法を旧漢字のまま資料編に掲載した。

もちろんどんな法律も時代の歴史的社会的制約から自由ではありえない。七〇年前の社会教育法も多くの課題を背負いつつの出発であった。にもかかわらず戦前教育に対する深い反省のうえですすめられた戦後教育改革のプロセスにおいて、学校教育とならんで社会教育の法が打ち立てられたことの歴史的意味は大きい。「初生児」（寺中作雄）のように生まれた社会教育法は、戦後七〇年の間にどのような試練を受けて成長してきたのか、という問いは、一方では、ひとりひとりの市民あるいは地域住民の社会教育法認識がどのように深まり、あるいは、どのように人権としての学習権の民衆的自覚化が醸成されてきたのか、という問いとパラレルに問われなければならない。その社会教育法認識と学習権の自覚化を媒介するものとして、実は、公民館とはいったいだれのものなのか、という問いを内在化させた公民館をめぐる現代的課題が存在しているのではないか、と考えている。

本書に収録された論稿についてはまだまだ不十分な部分もあり、また残された課題も多い。本書が公民館と社会教育法に関心を持つ方々にとって、今日的問題状況を理解するうえで何らかの一助になれば幸いである。

二〇一九年八月五日

長澤成次

資料編

日本国憲法（抄）（昭和二十一年十一月三日公布　昭和二十二年五月三日施行）
一九四七年教育基本法（昭和二十二年三月三十一日法律第二十五号）
二〇〇六年教育基本法（平成十八年十二月二十二日法律第百二十号）
社會教育法（法律第二百七號　昭和二十四年六月十日公布）
社会教育法（昭和二十四年法律第二百七号　最終改正　令和元年六月七日法律第二六号）
公民館の設置及び運営に関する基準（平成十五年六月六日文部科学省告示第百十二号）
学習権宣言（一九八五年三月二九日　第四回ユネスコ国際成人教育会議）

日本国憲法（抄）

日本国民は、正当に選挙された国会における代表者を通じて行動し、われらとわれらの子孫のために、諸国民との協和による成果と、わが国全土にわたつて自由のもたらす恵沢を確保し、政府の行為によつて再び戦争の惨禍が起ることのないやうにすることを決意し、ここに主権が国民に存することを宣言し、この憲法を確定する。そもそも国政は、国民の厳粛な信託によるものであつて、その権威は国民に由来し、その権力は国民の代表者がこれを行使し、その福利は国民がこれを享受する。これは人類普遍の原理であり、この憲法は、かかる原理に基くものである。われらは、これに反する一切の憲法、法令及び詔勅を排除する。

日本国民は、恒久の平和を念願し、人間相互の関係を支配する崇高な理想を深く自覚するのであつて、平和を愛する諸国民の公正と信義に信頼して、われらの安全と生存を保持しようと決意した。われらは、平和を維持し、専制と隷従、圧迫と偏狭を地上から永遠に除去しようと努めてゐる国際社会において、名誉ある地位を占めたいと思ふ。われらは、全世界の国民が、ひとしく恐怖と欠乏から免かれ、平和のうちに生存する権利を有することを確認する。

われらは、いづれの国家も、自国のことのみに専念して他国を無視してはならないのであつて、政治道徳の法則は、普遍的なものであり、この法則に従ふことは、自国の主権を維持し、他国と対等関係に立たうとする各国の責務であると信ずる。

日本国民は、国家の名誉にかけ、全力をあげてこの崇高な理想と目的を達成することを誓ふ。

第1章　天　皇

第1条（天皇の地位・国民主権）天皇は、日本国の象徴であり日本国民統合の象徴であつて、この地位は、主権の存する日本国民の総意に基く。

第2条（皇位の継承）皇位は、世襲のものであつて、国会の議決した皇室典範の定めるところにより、これを継承する。

第3条（天皇の国事行為に対する内閣の助言と承認）天皇の国事に関するすべての行為には、内閣の助言と承認を必要とし、内閣が、その責任を負ふ。

第4条（天皇の権能の限界、天皇の国事行為の委任）天皇は、この憲法の定める国事に関する行為のみを行ひ、国政に関する権能を有しない。
2　天皇は、法律の定めるところにより、その国事に関する行為を委任することができる。
第5条（摂政）皇室典範の定めるところにより摂政を置くときは、摂政は、天皇の名でその国事に関する行為を行ふ。この場合には、前条第一項の規定を準用する。

第6条（天皇の任命権）天皇は、国会の指名に基いて、内閣総理大臣を任命する。
2　天皇は、内閣の指名に基いて、最高裁判所の長たる裁判官を任命する。
第7条（天皇の国事行為）天皇は、内閣の助言と承認により、国民のために、左の国事に関する行為を行ふ。
一　憲法改正、法律、政令及び条約を公布すること。
二　国会を召集すること。
三　衆議院を解散すること。
四　国会議員の総選挙の施行を公示すること。
五　国務大臣及び法律の定めるその他の官吏の任免並びに全権委任状及び大使及び公使の信任状を認証すること。
六　大赦、特赦、減刑、刑の執行の免除及び復権を認証すること。
七　栄典を授与すること。
八　批准書及び法律の定めるその他の外交文書を認証すること。
九　外国の大使及び公使を接受すること。
十　儀式を行ふこと。
第8条（皇室の財産授与）皇室に財産を譲り渡し、又は皇室が、財産を譲り受け、若しくは賜与することは、国会の議決に基かなければならない。

第2章　戦争の放棄

第9条（戦争の放棄、戦力及び交戦権の否認）日本国民は、正義と秩序を基調とする国際平和を誠実に希求し、国権の発動たる戦争と、武力による威嚇又は武力の行使は、国際紛争を解決する手段としては、永久にこれを放棄する。

2 前項の目的を達するため、陸海空軍その他の戦力は、これを保持しない。国の交戦権は、これを認めない。

第3章 国民の権利及び義務

第10条（国民の要件）日本国民たる要件は、法律でこれを定める。

第11条（基本的人権の享有）国民は、すべての基本的人権の享有を妨げられない。この憲法が国民に保障する基本的人権は、侵すことのできない永久の権利として、現在及び将来の国民に与へられる。

第12条（自由・権利の保持の責任とその濫用の禁止）この憲法が国民に保障する自由及び権利は、国民の不断の努力によつて、これを保持しなければならない。又、国民は、これを濫用してはならないのであつて、常に公共の福祉のためにこれを利用する責任を負ふ。

第13条（個人の尊重・幸福追求権・公共の福祉）すべて国民は、個人として尊重される。生命、自由及び幸福追求に対する国民の権利については、公共の福祉に反しない限り、立法その他の国政の上で、最大の尊重を必要とする。

第14条（法の下の平等、貴族の禁止、栄典）すべて国民は、法の下に平等であつて、人種、信条、性別、社会的身分又は門地により、政治的、経済的又は社会的関係において、差別されない。

2 華族その他の貴族の制度は、これを認めない。

3 栄誉、勲章その他の栄典の授与は、いかなる特権も伴はない。栄典の授与は、現にこれを有し、又は将来これを受ける者の一代に限り、その効力を有する。

第15条（公務員選定罷免権、公務員の本質、普通選挙の保障、秘密投票の保障）公務員を選定し、及びこれを罷免することは、国民固有の権利である。

2 すべて公務員は、全体の奉仕者であつて、一部の奉仕者ではない。

3 公務員の選挙については、成年者による普通選挙を保障する。
4　すべて選挙における投票の秘密は、これを侵してはならない。選挙人は、その選択に関し公的にも私的にも責任を問はれない。
第16条（請願権）何人も、損害の救済、公務員の罷免、法律、命令又は規則の制定、廃止又は改正その他の事項に関し、平穏に請願する権利を有し、何人も、かかる請願をしたためにいかなる差別待遇も受けない。

第17条（国及び公共団体の賠償責任）何人も、公務員の不法行為により、損害を受けたときは、法律の定めるところにより、国又は公共団体に、その賠償を求めることができる。

第18条（奴隷的拘束及び苦役からの自由）何人も、いかなる奴隷的拘束も受けない。又、犯罪に因る処罰の場合を除いては、その意に反する苦役に服させられない。

第19条（思想及び良心の自由）思想及び良心の自由は、これを侵してはならない。

第20条（信教の自由）信教の自由は、何人に対してもこれを保障する。いかなる宗教団体も、国から特権を受け、又は政治上の権力を行使してはならない。
2　何人も、宗教上の行為、祝典、儀式又は行事に参加することを強制されない。
3　国及びその機関は、宗教教育その他いかなる宗教的活動もしてはならない。
第21条（集会・結社・表現の自由、通信の秘密）集会、結社及び言論、出版その他一切の表現の自由は、これを保障する。
2　検閲は、これをしてはならない。通信の秘密は、これを侵してはならない。
第22条（居住・移転及び職業選択の自由、外国移住及び国籍離脱の自由）何人も、公共の福祉に反しない限り、居住、移転及び職業選択の自由を有する。
2　何人も、外国に移住し、又は国籍を離脱する自由を侵されない。
第23条（学問の自由）学問の自由は、これを保障する。

第24条（家族生活における個人の尊厳と両性の平等）婚姻は、両性の合意のみに基いて成立し、夫婦が同等の権利を有することを基本として、相互の協力により、維持されなければならない。

2　配偶者の選択、財産権、相続、住居の選定、離婚並びに婚姻及び家族に関するその他の事項に関しては、法律は、個人の尊厳と両性の本質的平等に立脚して、制定されなければならない。

第25条（生存権、国の社会的使命）すべて国民は、健康で文化的な最低限度の生活を営む権利を有する。

2　国は、すべての生活部面について、社会福祉、社会保障及び公衆衛生の向上及び増進に努めなければならない。

第26条（教育を受ける権利、教育の義務）すべて国民は、法律の定めるところにより、その能力に応じて、ひとしく教育を受ける権利を有する。

2　すべて国民は、法律の定めるところにより、その保護する子女に普通教育を受けさせる義務を負ふ。義務教育は、これを無償とする。

第27条（勤労の権利及び義務、勤労条件の基準、児童酷使の禁止）すべて国民は、勤労の権利を有し、義務を負ふ。

2　賃金、就業時間、休息その他の勤労条件に関する基準は、法律でこれを定める。

3　児童は、これを酷使してはならない。

第28条（勤労者の団結権）勤労者の団結する権利及び団体交渉その他の団体行動をする権利は、これを保障する。

第29条（財産権）財産権は、これを侵してはならない。

2　財産権の内容は、公共の福祉に適合するやうに、法律でこれを定める。

3　私有財産は、正当な補償の下に、これを公共のために用ひることができる。

第30条（納税の義務）国民は、法律の定めるところにより、納税の義務を負ふ。

第31条（法定の手続の保障）何人も、法律の定める手続によらなければ、その生命若しくは自由を奪はれ、又はその他の刑罰を科せられない。

第32条（裁判を受ける権利）何人も、裁判所において裁判を受ける権利を奪はれない。

第33条（逮捕の要件）何人も、現行犯として逮捕される場合を除いては、権限を有する司法官憲が発し、且つ理由となつてゐる犯罪を明示する令状によらなければ、逮捕されない。

第34条（抑留・拘禁の要件、不法拘禁に対する保障）何人も、理由を直ちに告げられ、且つ、直ちに弁護人に依頼する権利を与へられなければ、抑留又は拘禁されない。又、何人も、正当な理由がなければ、拘禁されず、要求があれば、その理由は、直ちに本人及びその弁護人の出席する公開の法廷で示されなければならない。

第35条（住居の不可侵）何人も、その住居、書類及び所持品について、侵入、捜索及び押収を受けることのない権利は、第33条の場合を除いては、正当な理由に基いて発せられ、且つ捜索する場所及び押収する物を明示する令状がなければ、侵されない。

2　捜索又は押収は、権限を有する司法官憲が発する各別の令状により、これを行ふ。

第36条（拷問及び残虐刑の禁止）公務員による拷問及び残虐な刑罰は、絶対にこれを禁ずる。

第37条（刑事被告人の権利）すべて刑事事件においては、被告人は、公平な裁判所の迅速な公開裁判を受ける権利を有する。

2　刑事被告人は、すべての証人に対して審問する機会を充分に与へられ、又、公費で自己のために強制的手続により証人を求める権利を有する。

3　刑事被告人は、いかなる場合にも、資格を有する弁護人を依頼することができる。被告人が自らこれを依頼することができないときは、国でこれを附する。

第38条（自己に不利益な供述、自白の証拠能力）何人も、自己に不利益な供述を強要されない。

2　強制、拷問若しくは脅迫による自白又は不当に長く抑留若しくは拘禁された後の自白は、これを証拠とすることができない。

3　何人も、自己に不利益な唯一の証拠が本人の自白である場合には、有罪とされ、又は刑罰を科せられない。

第39条（遡及処罰の禁止・一事不再理）何人も、実行の時に適法であつた行為又は既に無罪とされた行為については、刑事上の責任を問はれない。又、同一の犯罪について、重ねて刑事上の責任を問はれない。

第40条（刑事補償）何人も、抑留又は拘禁された後、無罪の裁判を受けたときは、法律の定めるところにより、国にその補償を求めることができる。

（以下略）

一九四七年教育基本法（昭和二十二年三月三十一日法律第二十五号）

われらは、さきに、日本国憲法を確定し、民主的で文化的な国家を建設して、世界の平和と人類の福祉に貢献しようとする決意を示した。この理想の実現は、根本において教育の力にまつべきものである。

われらは、個人の尊厳を重んじ、真理と平和を希求する人間の育成を期するとともに、普遍的にしてしかも個性ゆたかな文化の創造をめざす教育を普及徹底しなければならない。

ここに、日本国憲法の精神に則り、教育の目的を明示して、新しい日本の教育の基本を確立するため、この法律を制定する。

第一条（教育の目的）　教育は、人格の完成をめざし、平和的な国家及び社会の形成者として、真理と正義を愛し、個人の価値をたつとび、勤労と責任を重んじ、自主的精神に充ちた心身ともに健康な国民の育成を期して行われなければならない。

第二条（教育の方針）　教育の目的は、あらゆる機会に、あらゆる場所において実現されなければならない。この目的を達成するためには、学問の自由を尊重し、実際生活に即し、自発的精神を養い、自他の敬愛と協力によつて、文化の創造と発展に貢献するように努めなければならない。

第三条（教育の機会均等）　すべて国民は、ひとしく、その能力に応ずる教育を受ける機会を与えられなければならないものであつて、人種、信条、性別、社会的身分、経済的地位又は門地によつて、教育上差別されない。

2　国及び地方公共団体は、能力があるにもかかわらず、経済的理由によつて修学困難な者に対して、奨学の方法を講じなければならない。

第四条（義務教育）　国民は、その保護する子女に、九年の普通教育を受けさせる義務を負う。

2　国又は地方公共団体の設置する学校における義務教育については、授業料は、これを徴収しない。

第五条（男女共学）　男女は、互に敬重し、協力し合わなければならないものであつて、教育上男女の共学は、認められなければならない。

第六条（学校教育）　法律に定める学校は、公の性質をもつものであつて、国又は地方公共団体の外、法律に定める法人のみが、これを設置することができる。

2　法律に定める学校の教員は、全体の奉仕者であつて、自己の使命を自覚し、その職責の遂行に努めなければならない。このためには、教員の身分は、尊重され、その待遇の適正が、期せられなければならない。

第七条（社会教育）　家庭教育及び勤労の場所その他社会において行われる教育は、国及び地方公共団体によつて奨励されなければならない。

2　国及び地方公共団体は、図書館、博物館、公民館等の施設の設置、学校の施設の利用その他適当な方法によつて教育の目的の実現に努めなければならない。

第八条（政治教育）　良識ある公民たるに必要な政治的教養は、教育上これを尊重しなければならない。

2　法律に定める学校は、特定の政党を支持し、又はこれに反対するための政治教育その他政治的活動をしてはならない。

第九条（宗教教育）　宗教に関する寛容の態度及び宗教の社会生活における地位は、教育上これを尊重しなければならない。

2　国及び地方公共団体が設置する学校は、特定の宗教のための宗教教育その他宗教的活動をしてはならない。

第十条（教育行政）　教育は、不当な支配に服することなく、国民全体に対し直接に責任を負つて行われるべきものである。

2　教育行政は、この自覚のもとに、教育の目的を遂行するに必要な諸条件の整備確立を目標として行われなければならない。

第十一条（補則）　この法律に掲げる諸条項を実施するために必要がある場合には、適当な法令が制定されなければならない。

附　則

この法律は、公布の日から、これを施行する。

二〇〇六年教育基本法（平成十八年十二月二十二日法律第百二十号）

教育基本法（昭和二十二年法律第二十五号）の全部を改正する。

我々日本国民は、たゆまぬ努力によって築いてきた民主的で文化的な国家を更に発展させるとともに、世界の平和と人類の福祉の向上に貢献することを願うものである。我々は、この理想を実現するため、個人の尊厳を重んじ、真理と正義を希求し、公共の精神を尊び、豊かな人間性と創造性を備えた人間の育成を期するとともに、伝統を継承し、新しい文化の創造を目指す教育を推進する。ここに、我々は、日本国憲法の精神にのっとり、我が国の未来を切り拓く教育の基本を確立し、その振興を図るため、この法律を制定する。

第一章　教育の目的及び理念

（教育の目的）

第一条　教育は、人格の完成を目指し、平和で民主的な国家及び社会の形成者として必要な資質を備えた心身ともに健康な国民の育成を期して行われなければならない。

（教育の目標）

第二条　教育は、その目的を実現するため、学問の自由を尊重しつつ、次に掲げる目標を達成するよう行われるものとする。

一　幅広い知識と教養を身に付け、真理を求める態度を養い、豊かな情操と道徳心を培うとともに、健やかな身体を養うこと。

二　個人の価値を尊重して、その能力を伸ばし、創造性を培い、自主及び自律の精神を養うとともに、職業及び生活との関連を重視し、勤労を重んずる態度を養うこと。

三　正義と責任、男女の平等、自他の敬愛と協力を重んずるとともに、公共の精神に基づき、主体的に社会の形成に参画し、その発展に寄与する態度を養うこと。

四　生命を尊び、自然を大切にし、環境の保全に寄与する態度を養うこと。

五　伝統と文化を尊重し、それらをはぐくんできた我が国と郷土を愛するとともに、他国を尊重し、国際社会の平和と発展に寄与する態度を養うこと。

（生涯学習の理念）

第三条　国民一人一人が、自己の人格を磨き、豊かな人生を送ることができるよう、その生涯にわたって、あらゆる機会に、あらゆる場所において学習することができ、その成果を適切に生かすことのできる社会の実現が図られなければならない。

（教育の機会均等）

第四条　すべて国民は、ひとしく、その能力に応じた教育を受ける機会を与えられなければならず、人種、信条、性別、社会的身分、経済的地位又は門地によって、教育上差別されない。

2　国及び地方公共団体は、障害のある者が、その障害の状態に応じ、十分な教育を受けられるよう、教育上必要な支援を講じなければならない。

3　国及び地方公共団体は、能力があるにもかかわらず、経済的理由によって修学が困難な者に対して、奨学の措置を講じなければならない。

第二章　教育の実施に関する基本

（義務教育）

第五条　国民は、その保護する子に、別に法律で定めるところにより、普通教育を受けさせる義務を負う。

2　義務教育として行われる普通教育は、各個人の有する能力を伸ばしつつ社会において自立的に生きる基礎を培い、また、国家及び社会の形成者として必要とされる基本的な資質を養うことを目的として行われるものとする。

3　国及び地方公共団体は、義務教育の機会を保障し、その水準を確保するため、適切な役割分担及び相互の協力の下、その実施に責任を負う。

4　国又は地方公共団体の設置する学校における義務教育については、授業料を徴収しない。

（学校教育）

第六条　法律に定める学校は、公の性質を有するものであって、国、地方公共団体及び法律に定める法人のみが、これを設置することができる。

2　前項の学校においては、教育の目標が達成されるよう、教育を受ける者の心身の発達に応じて、体系的な教育が組織的に行われなければならない。この場合において、教育を受ける者が、学校生活を営む上で必要な規律を重んずるとともに、自ら進んで学習に取り組む意欲を高めることを重視して行われなければならない。

（大学）

第七条　大学は、学術の中心として、高い教養と専門的能力を培うとともに、深く真理を探究して新たな知見を創造し、これらの成果を広く社会に提供することにより、社会の発展に寄与するものとする。

2　大学については、自主性、自律性その他の大学における教育及び研究の特性が尊重されなければならない。

（私立学校）

第八条　私立学校の有する公の性質及び学校教育において果たす重要な役割にかんがみ、国及び地方公共団体は、その自主性を尊重しつつ、助成その他の適当な方法によって私立学校教育の振興に努めなければならない。

（教員）

第九条　法律に定める学校の教員は、自己の崇高な使命を深く自覚し、絶えず研究と修養に励み、その職責の遂行に努めなければならない。

2　前項の教員については、その使命と職責の重要性にかんがみ、その身分は尊重され、待遇の適正が期せられるとともに、養成と研修の充実が図られなければならない。

（家庭教育）

第十条　父母その他の保護者は、子の教育について第一義的責任を有するものであって、生活のために必要な習慣を身に付けさせるとともに、自立心を育成し、心身の調和のとれた発達を図るよう努めるものとする。

2　国及び地方公共団体は、家庭教育の自主性を尊重しつつ、保護者に対する学習の機会及び情報の提供その他の家庭教育を支援するために必要な施策を講ずるよう努めなければならない。

（幼児期の教育）

第十一条　幼児期の教育は、生涯にわたる人格形成の基礎を培う重要なものであることにかんがみ、国及び地方公共団体は、幼児の健やかな成長に資する良好な環境の整備その他適当な方法によって、その振興に努めなければならない。

（社会教育）

第十二条　個人の要望や社会の要請にこたえ、社会において行われる教育は、国及び地方公共団体によって奨励されなければならない。

2　国及び地方公共団体は、図書館、博物館、公民館その他の社会教育施設の設置、学校の施設の利用、学習の機会及び情報の提供その他の適当な方法によって社会教育の振興に努めなければならない。

（学校、家庭及び地域住民等の相互の連携協力）

第十三条　学校、家庭及び地域住民その他の関係者は、教育におけるそれぞれの役割と責任を自覚するとともに、相互の連携及び協力に努めるものとする。

（政治教育）

第十四条　良識ある公民として必要な政治的教養は、教育上尊重されなければならない。

2　法律に定める学校は、特定の政党を支持し、又はこれに反対するための政治教育その他政治的活動をしてはならない。

（宗教教育）

第十五条　宗教に関する寛容の態度、宗教に関する一般的な教養及び宗教の社会生活における地位は、教育上尊重されなければならない。

2　国及び地方公共団体が設置する学校は、特定の宗教のための宗教教育その他宗教的活動をしてはならない。

第三章　教育行政

（教育行政）

第十六条　教育は、不当な支配に服することなく、この法律及び他の法律の定めるところにより行われるべきものであり、教育行政は、国と地方公共団体との適切な役割分担及び相互の協力の下、公正かつ適正に行われなければならない。

2　国は、全国的な教育の機会均等と教育水準の維持向上を図るため、教育に関する施策を総合的に策定し、実施しなければならない。

3　地方公共団体は、その地域における教育の振興を図るため、その実情に応じた教育に関する施策を策定し、実施しなければならない。

4　国及び地方公共団体は、教育が円滑かつ継続的に実施されるよう、必要な財政上の措置を講じなければならない。

（教育振興基本計画）

第十七条　政府は、教育の振興に関する施策の総合的かつ計画的な推進を図るため、教育の振興に関する施策についての基本的な方針及び講ずべき施策その他必要な事項について、基本的な計画を定め、これを国会に報告するとともに、公表しなければならない。

2　地方公共団体は、前項の計画を参酌し、その地域の実情に応じ、当該地方公共団体における教育の振興のための施策に関する基本的な計画を定めるよう努めなければならない。

第四章　法令の制定

第十八条　この法律に規定する諸条項を実施するため、必要な法令が制定されなければならない。

附　則　抄

（施行期日）

1　この法律は、公布の日から施行する。

社會教育法（法律第二百七號　昭和二十四年六月十日公布）

目　次

第一章　總則

（この法律の目的）

第一條　この法律は、教育基本法（昭和二十二年法律第二十五號）の精神に則り、社會教育に關する國及び地方公共團体の任務を明らかにすることを目的とする。

（社會教育の定義）

第二條　この法律で「社會教育」とは、學校教育法（昭和二十二年法律第二十六號）に基き、學校の教育課程として行われる教育活動を除き、主として青少年及び成人に對して行われる組織的な教育活動（体育及びレクリエーションの活動を含む。）をいう。

（國及び地方公共團体の任務）

第三條　國及び地方公共團体は、この法律及び他の法令の定めるところにより、社會教育の奬勵に必要な施設の設置及び運營、集會の開催、資料の作製、頒布その他の方法により、すべての國民があらゆる機會、あらゆる場所を利用して、自ら實際生活に即する文化的教養を高め得るような環境を釀成するように努めなければならない。

（國の地方公共團体に對する援助）

第四條　前條の任務を達成するために、國は、この法律及び他の法令の定めるところにより、地方公共團体に對し、豫算の範圍内において、財政的援助並びに物資の提供及びそのあっ旋を行う。

（市町村の教育委員會の事務）

第五條　市（特別區を含む。以下同じ。）町村の教育委員會は、社會教育に關し、當該地方の必要に應じ、豫算の範圍内において、左の事務を行う。
一　社會教育に必要な援助を行うこと。
二　社會教育委員の委囑に關すること。
三　公民館の設置及び管理に關すること。
四　所管に屬する圖書館、博物館その他社會教育に關する施設の設置及び管理に關すること。
五　所管に屬する學校の行う社會教育のための講座の開設及びその奬勵に關すること。
六　講座の開設及び討論會、講習會、講演會、展示會その他の集會の開催並びにこれらの奬勵に關すること。
七　職業教育及び産業に関する科学技術指導のための集會の開催及びその奬勵に關すること。
八　生活の科學化の指導のための集會の開催及びその奬勵に関すること。
九　運動會、競技會その他体育指導のための集会の開催及びその奬勵に關すること。
十　音樂、演劇、美術その他藝術の発表會等の開催及びその奬勵に關すること。
十一　一般公衆に對する社會教育資料の刊行配布に關すること。
十二　視覺聽覺教育、体育及びレクリエーションに必要な設備、器材及び資料の提供に關すること。
十三　情報の交換及び調査研究に關すること。
十四　その他第三條の任務を達成するために必要な事務

（都道府縣の教育委員會の事務）
第六條　都道府縣の教育委員會は、社會教育に關し、當該地方の必要に應じ、豫算の範圍内において、前條各號の事務（第三號の事務を除く。）を行う外、左の事務を行う。
一　法人の設置する公民館の設置及び廢止の届出に關すること。
二　社會教育を行う者の研修に必要な施設の設置及び運營、講習會の開催、資料の配布等に關すること。
三　社會教育に關する施設の設置及び運營に必要

な物資の提供及びそのあつ旋に關すること。

四　市町村の教育委員會との連絡に關すること。

五　その他法令によりその職務權限に屬する事項

（教育委員會と地方公共團体の長との關係）

第七條　地方公共團体の長は、その所掌事項に關する必要なこう報宣傳で、視覺聽覺教育の手段を利用しその他教育の施設及び手段によることを適當とするものにつき、教育委員會に對し、その實施を依頼し、又は實施の協力を求めることができる。

2　前項の規定は、他の行政廳がその所掌に關する必要なこう報宣傳につき教育委員會に對し、その實施を依頼し、又は實施の協力を求める場合に準用する。

第八條　教育委員會は、社會教育に關する事務を行うために必要があるときは、當該地方公共團体の長及び關係行政廳に對し、必要な資料の提供その他の協力を求めることができる。

（圖書館及び博物館）

第九條　圖書館及び博物館は、社會教育のための機關とする。

2　圖書館及び博物館に關し必要な事項は、別に法律をもつて定める。

第二章　社會教育關係團体

（社會教育關係團体の定義）

第十條　この法律で「社會教育關係團体」とは、法人であると否とを問わず、公の支配に屬しない團体で社會教育に關する事業を行うことを主たる目的とするものをいう。

（文部大臣及び教育委員會との關係）

第十一條　文部大臣及び教育委員會は、社會教育關係團体の求めに應じ、これに對し、專門的技術的指導又は助言を與えることができる。

2　文部大臣及び教育委員會は、社會教育關係團体の求めに應じ、これに對し、社會教育に關する事業に必要な物資の確保につき援助を行う。

（國及び地方公共團体との關係）

第十二條　國及び地方公共團体は、社會教育關係團体に對し、いかなる方法によつても、不當に統制的支配を及ぼし、又はその事業に干渉を加えてはならない。

第十三條　國及び地方公共團体は、社會教育關係團体に對し、補助金を與えてはならない。

（報告）

第十四条　文部大臣及び教育委員會は、社会教育關係團体に對し、指導資料の作製及び調査研究のために必要な報告を求めることができる。

第三章　社會教育委員

（社會教育委員の構成）

第十五條　都道府縣及び市町村に社會教育委員を置くことができる。

2　社會教育委員は、左の各號に掲げる者のうちから、教育委員會が委囑する。

一　當該都道府縣又は當該市町村の區域内に設置された各學校の長

二　當該都道府縣又は當該市町村の區域内に事務所を有する各社會教育關係團体において選擧その他の方法により推薦された當該團体の代表者

三　學識經驗者

3　前項に規定する委員の委囑は、同項各號に掲げる者につき教育長が作成して提出する候補者名簿により行うものとする。

4　教育委員會は、前項の規定により提出された候補者名簿が不適當であると認めるときは、教育長に對し、その再提出を命ずることができる。

（社會教育委員と公民館運營審議會委員との關係）

第十六條　公民館を設置する市町村にあつては、社會教育委員は、第二十九條に規定する公民館運營審議會の委員をもつて充てることができる。

（社會教育委員の職務）

第十七條　社會教育委員は、社會教育に關し教育長を經て教育委員會に助言するため、左の職務を行う。

一　社會教育に關する諸計畫を立案すること。

二　定時又は臨時に會議を開き、教育委員會の諮問に應じ、これに對して、意見を述べること。

三　前二號の職務を行うために必要な研究調査を行うこと。

2　社會教育委員は、教育委員會の會議に出席して社會教育に關し意見を述べることができる。

（社會教育委員の定數等）

第十八條　社會教育委員の定數、任期その他必要な事項は、條例で定める。
2　都道府縣又は市町村が前項の條例を制定するには、教育委員會法（昭和二十三年法律第百七十號）第六十一條から第六十三條までの例による。
（社會教育委員の實費辨償）
第十九條　地方公共團体は、社會教育委員に對し、報酬及び給料を支給しない。
2　地方公共團体は、社會教育委員がその職務を行うために要する費用を辨償しなければならない。
3　前項の費用については、教育委員會法第三十一條第三項の規定を準用する。

第四章　公民館

（目的）
第二十條　公民館は、市町村その他一定區域内の住民のために、實際生活に即する教育、學術及び文化に關する各種の事業を行い、もつて住民の教養の向上、健康の增進、情操の純化を圖り、生活文化の振興、社會福祉の增進に寄與することを目的とする。
（公民館の設置者）
第二十一條　公民館は、市町村が設置する。
2　前項の場合を除く外、公民館は、公民館設置の目的をもつて民法第三十四条の規定により設立する法人（この章中以下「法人」という。）でなければ設置することができない。
（公民館の事業）
第二十二条　公民館は、第二十條の目的達成のために、おおむね、左の事業を行う。但し、この法律及び他の法令によつて禁じられたものは、この限りでない。
一　定期講座を開設すること。
二　討論會、講習會、講演會、實習會、展示會等を開催すること。
三　圖書、記録、模型、資料等を備え、その利用を圖ること。
四　体育、レクリエーション等に関する集會を開催すること。
五　各種の團体、機關等の連絡を圖ること。
六　その施設を住民の集會その他の公共的利用に

供すること。

（公民館の運營方針）

第二十三條　公民館は、次の行爲を行つてはならない。

一　もつぱら營利を目的として事業を行い、特定の營利事業に公民館の名稱を利用させその他營利事業を援助すること。

二　特定の政黨の利害に關する事業を行い、又は公私の選擧に關し、特定の候補者を支持すること。

2　市町村の設置する公民館は、特定の宗教を支持し、又は特定の教派、宗派若しくは教團を支援してはならない。

（公民館の設置）

第二十四條　市町村が公民館を設置しようとするときは、條例で、公民館の設置及び管理に關する事項を定めなければならない。

2　前項の條例については、第十八條第二項の規定を準用する。

第二十五條　市町村が公民館を設置又は廢止したときは、その旨を都道府縣の教育委員會に報告しなければならない。

2　前項の報告に必要な事項は、都道府縣の教育委員會規則で定める。

第二十六條　法人の設置する公民館の設置及び廢止並びに設置者の變更は、あらかじめ都道府縣の教育委員會に屆け出なければならない。

2　前項の屆出に必要な事項は、都道府縣の教育委員會規則で定める。

（公民館の職員）

第二十七條　公民館に館長を置き、その他必要な職員を置くことができる。

2　館長は、公民館の行う各種の事業の企畫實施その他必要な事務を行い、所屬職員を監督する。

第二十八條　市町村の設置する公民館の館長その他必要な職員は、教育長の推薦により、當該市町村の教育委員會が任命する。

2　前項の規定による館長の任命に關しては、市町村の教育委員會は、あらかじめ、第二十九條に規定する公民館運營審議會の意見を聞かなければならない。

（公民館運營審議會）

第二十九條　公民館に公民館運營審議會を置く。

2　公民館運營審議會は、館長の諮問に應じ、公民館における各種の事業の企畫實施につき調査審議するものとする。

第三十條　市町村の設置する公民館にあつては、公民館運營審議會の委員は、左の各號に掲げる者のうちから、市町村の教育委員會が委囑する。

一　當該市町村の區域内に設置された各學校の長

二　當該市町村の區域内に事務所を有する教育、學術、文化、産業、勞働、社會事業等に關する團体又は機關で第二十條の目的達成に協力するものを代表する者

三　學識經驗者

2　前項第二號に掲げる委員の委囑は、それぞれの團体又は機關において選擧その他の方法により推薦された者について行うものとする。

3　第一項第三號に掲げる委員には、市町村の長若しくはその補助機關たる職員又は市町村議會の議員を委囑することができる。

4　第一項の公民館運營審議會の委員の定數、任期その他必要な事項は、市町村の條例で定める。

5　前項の條例については、第十八條第二項の規定を準用する。

第三十一條　法人の設置する公民館にあつては、公民館運營審議會の委員は、その役員をもつて充てるものとする。

第三十二條　第十九條の規定は、市町村の設置する公民館の公民館運營審議會の委員に準用する。

（特別基本財産）

第三十三條　公民館を設置する市町村にあつては、公民館の維持運營のために、特別の基本財産又は積立金を設けることができる。

（特別會計）

第三十四條　公民館を設置する市町村にあつては、公民館の維持運營のために、特別會計を設けることができる。

2　前項の規定による特別會計の設置に關する議案については、第十八條第二項の規定を準用する。

第三十五條　國庫は、公民館を設置する市町村に對し、豫算の定めるところに從い、その運營に要する經費の補助その他必要な援助を行うことができる。

第三十六條　前條の規定により國庫が補助する場合の補助金の交付は、公民館を設置する市町村の左の各號の經費の前年度における精算額を基準として行うものとする。

一　公民館の職員に要する經費

二　公民館における基本的事業に要する經費

三　公民館に備え付ける圖書その他の教養設備に要する經費

2　前項各號の經費の範圍その他補助金の交付に關し必要な事項は、政令で定める。

第三十七條　都道府縣が、地方自治法（昭和二十二年法律第六十七號）第二百三十一條の規定により、公民館の運營に要する經費を補助する場合において、文部大臣は政令の定めるところにより、その補助金の額、補助の比率、補助の方法その他必要な事項につき報告を求めることができる。

第三十八條　國庫の補助金を受けた市町村は、左に掲げる場合においては、その受けた補助金を國庫に返還しなければならない。

一　公民館がこの法律若しくはこの法律に基く命令又はこれらに基いてした處分に違反したとき

二　公民館がその事業の全部若しくは一部を廢止し、又は第二十條に掲げる目的以外の用途に利用されるようになつたとき

三　補助金交付の條件に違反したとき

四　虛僞の方法で補助金の交付を受けたとき

（公民館の指導）

第三十九條　文部大臣及び都道府縣の教育委員會は、公民館の運營その他に關し、その求めに應じて、必要な指導及び助言を與えることができる。

（公民館の事業又は行爲の停止）

第四十條　公民館が第二十三條の規定に違反する行爲を行つたときは、都道府縣の教育委員會は、その事業又は行爲の停止を命ずることができる。

（罰則）

第四十一條　前條の規定による公民館の事業又は行

爲の停止命令に違反した者は、一年以下の懲役若しくは禁こ又は三萬圓以下の罰金に處する。

（公民館類似施設）
第四十二條　公民館に類似する施設は、何人もこれを設置することができる。
2　前項の施設の運營その他に關しては、第三十九條の規定を準用する。

第五章　學校施設の利用

（適用範圍）
第四十三條　社會教育のためにする國立又は公立の學校（この章中以下學校という。）の施設の利用に關しては、この章の定めるところによる。

（學校施設の利用）
第四十四條　學校の管理機關は、學校教育上支障がないと認める限り、その管理する學校の施設を社會教育のために利用に供するように努めなければならない。
2　前項において「學校の管理機關」とは、國立學校にあつては文部大臣、公立の大學にあつては設置者である地方公共團体の長、大學以外の公立學校にあっては設置者である地方公共團体に設置されている教育委員會をいう。

（學校施設利用の許可）
第四十五條　社會教育のために學校の施設を利用しようとする者は、當該學校の管理機關の許可を受けなければならない。
2　前項の規定により、學校の管理機關が學校施設の利用を許可しようとするときは、あらかじめ、學校の長の意見を聞かなければならない。
第四十六條　國又は地方公共團体が社會教育のために、學校の施設を利用しようとするときは、前條の規定にかかわらず、當該學校の管理機關と協議するものとする。
第四十七條　第四十五條の規定による學校施設の利用が一時的である場合には、學校の管理機關は、同條第一項の許可に關する權限を學校の長に委任することができる。
2　前項の權限の委任その他學校施設の利用に關し必要な事項は、學校の管理機關が定める。

（社會教育の講座）

第四十八條　學校の管理機關は、それぞれの管理に屬する學校に對し、その教員組織及び學校の施設の状況に應じ、文化講座、專門講座、夏期講座、社會學級講座等學校施設の利用による社會教育のための講座の開設を求めることができる。

2　文化講座は、成人の一般的教養に關し、專門講座は、成人の專門的学術知識に関し、夏期講座は、夏期休暇中、成人の一般的教養又は專門的學術知識に關し、それぞれ大學、又は高等學校において開設する。

3　社會學級講座は、成人の一般的教養に關し、小學校又は中學校において開設する。

4　第一項に規定する講座を擔当する講師の報酬その他必要な經費は、豫算の範圍内において、國又は地方公共團体が負担する。

第六章　通信教育

（適用範圍）

第四十九條　學校教育法第四十五條、第七十條及び第七十六條の規定により行うものを除き、通信による教育に關しては、この章の定めるところによる。

（通信教育の定義）

第五十條　この法律において「通信教育」とは、通信の方法により一定の教育計畫の下に、教材、補助教材等を受講者に送付し、これに基き、設問解答、添削指導、質疑應答等を行う教育をいう。

2　通信教育を行う者は、その計畫實現のために、必要な指導者を置かなければならない。

（通信教育の認定）

第五十一條　文部大臣は、學校又は民法第三十四條の規定による法人の行う通信教育で、社會教育上奬勵すべきものについて、通信教育の認定（以下認定という。）を與えることができる。

2　認定を受けようとする者は、文部大臣の定めるところにより、文部大臣に申請しなければならない。

3　文部大臣が、第一項の規定により、認定を與えようとするときは、あらかじめ、通信教育審議會に諮問しなければならない。

（認定手數料）

第五十二條　文部大臣は、認定を申請する者から手數料を徴收することができる。但し、國立又は公立の學校が行う通信教育に關しては、この限りでない。

2　前項の手數料の額は、一課程につき、一千圓以上三千圓以下の範圍において、文部大臣が定める。

（通信教育審議會）

第五十三條　文部省に通信教育審議會を置く。

2　通信教育審議會は、文部大臣の諮問に應じ、通信教育に關し必要な事項を調査審議する。

3　通信教育審議會は、前項の事項について、文部大臣に建議することができる。

4　通信教育審議會の委員は、學識經驗者のうちから、文部大臣が委囑する。

5　通信教育審議會の組織その他必要な事項については、政令で定める。

（郵便料金の特別取扱）

第五十四條　認定を受けた通信教育に要する郵便料金については、郵便法（昭和二十二年法律第百六十五號）の定めるところにより、特別の取扱を受けるものとする。

（通信教育の廢止）

第五十五條　認定を受けた通信教育を廢止しようとするとき、又はその條件を變更しようとするときは、文部大臣の定めるところにより、その許可を受けなければならない。

2　前項の許可に關しては、第五十一條第三項の規定を準用する。

（報告及び措置）。

第五十六條　文部大臣は、認定を受けた者に對し、必要な報告を求め、又は必要な措置を命ずることができる。

（認定の取消）

第五十七條　認定を受けた者がこの法律若しくはこの法律に基く命令又はこれらに基いてした處分に違反したときは、文部大臣は、認定を取り消すことができる。

2　前項の認定の取消に關しては、第五十一條第三項の規定を準用する。

附則

1　この法律は、公布の日から施行する。

2　この法律施行の際、現に教育委員會の置かれていない市町村にあつては、教育委員會が設置せられるまでの間、この法律中「市町村の教育委員會」または「教育委員會」とあるのは、「市町村長」と讀み替え、第十七條第三項の規定は適用しないものとする。

3　地方自治法の一部を次のように改正する。

第二條第三項第五號中「圖書館、」の下に「公民館、」を加える

4　圖書館に關する法律が施行されるまでの間、圖書館に關しては、第九條第二項の規定にかかわらず、なお從前の例による。

5　この法律施行前通信教育認定規程（昭和二十二年文部省令第二十二號）により認定を受けた通信教育は、第五十一條第一項の規定により、認定を受けたものとみなす。

（出典　寺中作雄『社会教育法解説』一九四九年、社会教育図書株式会社）

社会教育法（昭和二十四年法律第二百七号　最終改正　令和元年六月七日法律第二六号）

第一章　総則

（この法律の目的）

第一条　この法律は、教育基本法（平成十八年法律第百二十号）の精神に則り、社会教育に関する国及び地方公共団体の任務を明らかにすることを目的とする。

（社会教育の定義）

第二条　この法律において「社会教育」とは、学校教育法（昭和二十二年法律第二十六号）又は就学前の子どもに関する教育、保育等の総合的な提供の推進に関する法律（平成十八年法律第七十七号）に基づき、学校の教育課程として行われる教育活動を除き、主として青少年及び成人に対して行われる組織的な教育活動（体育及びレクリエーションの活動を含む。）をいう。

（国及び地方公共団体の任務）

第三条　国及び地方公共団体は、この法律及び他の法令の定めるところにより、社会教育の奨励に必要な施設の設置及び運営、集会の開催、資料の作製、頒布その他の方法により、すべての国民があらゆる機会、あらゆる場所を利用して、自ら実際生活に即する文化的教養を高め得るような環境を醸成するように努めなければならない。

2　国及び地方公共団体は、前項の任務を行うに当たつては、国民の学習に対する多様な需要を踏まえ、これに適切に対応するために必要な学習の機会の提供及びその奨励を行うことにより、生涯学習の振興に寄与することとなるよう努めるものとする。

3　国及び地方公共団体は、第一項の任務を行うに当たつては、社会教育が学校教育及び家庭教育との密接な関連性を有することにかんがみ、学校教育との連携の確保に努め、及び家庭教育の向上に資することとなるよう必要な配慮をするとともに、学校、家庭及び地域住民その他の関係者相互間の連携及び協力の促進に資することとなるよう努めるものとする。

（国の地方公共団体に対する援助）

第四条　前条第一項の任務を達成するために、国は、この法律及び他の法令の定めるところにより、地方公共団体に対し、予算の範囲内において、財政的援助並びに物資の提供及びそのあつせんを行う。

（市町村の教育委員会の事務）

第五条　市（特別区を含む。以下同じ。）町村の教育委員会は、社会教育に関し、当該地方の必要に応じ、予算の範囲内において、次の事務を行う。

一　社会教育に必要な援助を行うこと。

二　社会教育委員の委嘱に関すること。

三　公民館の設置及び管理に関すること。

四　所管に属する図書館、博物館、青年の家その他の社会教育施設の設置及び管理に関すること。

五　所管に属する学校の行う社会教育のための講座の開設及びその奨励に関すること。

六　講座の開設及び討論会、講習会、講演会、展示会その他の集会の開催並びにこれらの奨励に関すること。

七　家庭教育に関する学習の機会を提供するための講座の開設及び集会の開催並びに家庭教育に関する情報の提供並びにこれらの奨励に関すること。

八　職業教育及び産業に関する科学技術指導のための集会の開催並びにその奨励に関すること。

九　生活の科学化の指導のための集会の開催及びその奨励に関すること。

十　情報化の進展に対応して情報の収集及び利用を円滑かつ適正に行うために必要な知識又は技能に関する学習の機会を提供するための講座の開設及び集会の開催並びにこれらの奨励に関すること。

十一　運動会、競技会その他体育指導のための集会の開催及びその奨励に関すること。

十二　音楽、演劇、美術その他芸術の発表会等の開催及びその奨励に関すること。

十三　主として学齢児童及び学齢生徒（それぞれ学校教育法第十八条に規定する学齢児童及び学齢生徒をいう。）に対し、学校の授業の終了後又は休業日において学校、社会教育施設その他適切な施設を利用して行う学習その他の活動の機会を提供する事業の実施並びにその奨励に関すること。
十四　青少年に対しボランティア活動など社会奉仕体験活動、自然体験活動その他の体験活動の機会を提供する事業の実施及びその奨励に関すること。
十五　社会教育における学習の機会を利用して行つた学習の成果を活用して学校、社会教育施設その他地域において行う教育活動その他の活動の機会を提供する事業の実施及びその奨励に関すること。
十六　社会教育に関する情報の収集、整理及び提供に関すること。
十七　視聴覚教育、体育及びレクリエーションに必要な設備、器材及び資料の提供に関すること。
十八　情報の交換及び調査研究に関すること。
十九　その他第三条第一項の任務を達成するために必要な事務

2　市町村の教育委員会は、前項第十三号から第十五号までに規定する活動であつて地域住民その他の関係者（以下この項及び第九条の七第二項において「地域住民等」という。）が学校と協働して行うもの（以下「地域学校協働活動」という。）の機会を提供する事業を実施するに当たつては、地域住民等の積極的な参加を得て当該地域学校協働活動が学校との適切な連携の下に円滑かつ効果的に実施されるよう、地域住民等と学校との連携協力体制の整備、地域学校協働活動に関する普及啓発その他の必要な措置を講ずるものとする。

3　地方教育行政の組織及び運営に関する法律（昭和三十一年法律第百六十二号）第二十三条第一項の条例の定めるところによりその長が同項第一号に掲げる事務（以下「特定事務」という。）を管理し、及び執行することとされた地方公共団体（以下「特定地方公共団体」という。）である市町村にあつては、第一項の規定にかかわらず、同項第三号及び第四号の事務のうち特定事務に関するものは、その長が行うものとする。

（都道府県の教育委員会の事務）

第六条　都道府県の教育委員会は、社会教育に関し、当該地方の必要に応じ、予算の範囲内において、前条第一項各号の事務（同項第三号の事務を除く。）を行うほか、次の事務を行う。

一　公民館及び図書館の設置及び管理に関し、必要な指導及び調査を行うこと。

二　社会教育を行う者の研修に必要な施設の設置及び運営、講習会の開催、資料の配布等に関すること。

三　社会教育施設の設置及び運営に必要な物資の提供及びそのあつせんに関すること。

四　市町村の教育委員会との連絡に関すること。

五　その他法令によりその職務権限に属する事項

2　前条第二項の規定は、都道府県の教育委員会が地域学校協働活動の機会を提供する事業を実施する場合に準用する。

3　特定地方公共団体である都道府県にあつては、第一項の規定にかかわらず、前条第一項第四号の事務のうち特定事務に関するものは、その長が行うものとする。

（教育委員会と地方公共団体の長との関係）

第七条　地方公共団体の長は、その所掌に関する必要な広報宣伝で視聴覚教育の手段を利用することその他教育の施設及び手段によることを適当とするものにつき、教育委員会に対し、その実施を依頼し、又は実施の協力を求めることができる。

2　前項の規定は、他の行政庁がその所掌に関する必要な広報宣伝につき、教育委員会（特定地方公共団体にあつては、その長又は教育委員会）に対し、その実施を依頼し、又は実施の協力を求める場合に準用する。

第八条　教育委員会は、社会教育に関する事務を行うために必要があるときは、当該地方公共団体の長及び関係行政庁に対し、必要な資料の提供その他の協力を求めることができる。

第八条の二　特定地方公共団体の長は、特定事務のうち当該特定地方公共団体の教育委員会の所管に属する学校、社会教育施設その他の施設における教育活動と密接な関連を有するものとして当該特定地方公共団体の規則で定めるものを管理し、及び執行するに当たつては、当該教育委員会の意見を聴かなければならない。

2　特定地方公共団体の長は、前項の規則を制定し、又は改廃しようとするときは、あらかじめ、当該特定地方公共団体の教育委員会の意見を聴かなければならない。

第八条の三　特定地方公共団体の教育委員会は、特定事務の管理及び執行について、その職務に関して必要と認めるときは、当該特定地方公共団体の長に対し、意見を述べることができる。

第九条　図書館及び博物館は、社会教育のための機関とする。

2　図書館及び博物館に関し必要な事項は、別に法律をもつて定める。

第二章　社会教育主事等

（社会教育主事及び社会教育主事補の設置）

第九条の二　都道府県及び市町村の教育委員会の事務局に、社会教育主事を置く。

2　都道府県及び市町村の教育委員会の事務局に、社会教育主事補を置くことができる。

（社会教育主事及び社会教育主事補の職務）

第九条の三　社会教育主事は、社会教育を行う者に専門的技術的な助言と指導を与える。ただし、命令及び監督をしてはならない。

2　社会教育主事は、学校が社会教育関係団体、地域住民その他の関係者の協力を得て教育活動を行う場合には、その求めに応じて、必要な助言を行うことができる。

3　社会教育主事補は、社会教育主事の職務を助ける。

（社会教育主事の資格）

第九条の四　次の各号のいずれかに該当する者は、社会教育主事となる資格を有する。

一　大学に二年以上在学して六十二単位以上を修得し、又は高等専門学校を卒業し、かつ、次に掲げる期間を通算した期間が三年以上になる者で、次条の規定による社会教育主事の講習を修了したもの

イ　社会教育主事補の職にあつた期間

ロ　官公署、学校、社会教育施設又は社会教育関係団体における職で司書、学芸員その他の社会教育主事補の職と同等以上の職として文部科学大臣の指定するものにあつた期間

ハ　官公署、学校、社会教育施設又は社会教育関係団体が実施する社会教育に関係のある事業における業務であつて、社会教育主事として必要な知識又は技能の習得に資するものとして文部科学大臣が指定するものに従事した期間（イ又はロに掲げる期間に該当する期間を除く。）

二　教育職員の普通免許状を有し、かつ、五年以上文部科学大臣の指定する教育に関する職にあつた者で、次条の規定による社会教育主事の講習を修了したもの

三　大学に二年以上在学して、六十二単位以上を修得し、かつ、大学において文部科学省令で定める社会教育に関する科目の単位を修得した者で、第一号イからハまでに掲げる期間を通算した期間が一年以上になるもの

四　次条の規定による社会教育主事の講習を修了した者（第一号及び第二号に掲げる者を除く。）で、社会教育に関する専門的事項について前三号に掲げる者に相当する教養と経験があると都道府県の教育委員会が認定したもの

（社会教育主事の講習）

第九条の五　社会教育主事の講習は、文部科学大臣の委嘱を受けた大学その他の教育機関が行う。

2　受講資格その他社会教育主事の講習に関し必要な事項は、文部科学省令で定める。

（社会教育主事及び社会教育主事補の研修）

第九条の六　社会教育主事及び社会教育主事補の研修は、任命権者が行うもののほか、文部科学大臣及び都道府県が行う。

（地域学校協働活動推進員）

第九条の七　教育委員会は、地域学校協働活動の円滑かつ効果的な実施を図るため、社会的信望があり、かつ、地域学校協働活動の推進に熱意と識見を有する者のうちから、地域学校協働活動推進員を委嘱することができる。

2　地域学校協働活動推進員は、地域学校協働活動に関する事項につき、教育委員会の施策に協力して、地域住民等と学校との間の情報の共有を図るとともに、地域学校協働活動を行う地域住民等に対する助言その他の援助を行う。

第三章　社会教育関係団体

（社会教育関係団体の定義）

第十条　この法律で「社会教育関係団体」とは、法人であると否とを問わず、公の支配に属しない団体で社会教育に関する事業を行うことを主たる目的とするものをいう。

（文部科学大臣及び教育委員会との関係）

第十一条　文部科学大臣及び教育委員会は、社会教育関係団体の求めに応じ、これに対し、専門的技術的指導又は助言を与えることができる。

2　文部科学大臣及び教育委員会は、社会教育関係団体の求めに応じ、これに対し、社会教育に関する事業に必要な物資の確保につき援助を行う。

（国及び地方公共団体との関係）

第十二条　国及び地方公共団体は、社会教育関係団体に対し、いかなる方法によつても、不当に統制的支配を及ぼし、又はその事業に干渉を加えてはならない。

（審議会等への諮問）

第十三条　国又は地方公共団体が社会教育関係団体に対し補助金を交付しようとする場合には、あらかじめ、国にあつては文部科学大臣が審議会等（国家行政組織法（昭和二十三年法律第百二十号）第八条に規定する機関をいう。第五十一条第三項において同じ。）で政令で定めるものの、地方公共団体にあつては教育委員会が社会教育委員の会議（社会教育委員が置かれていない場合には、条例で定めるところにより社会教育に係る補助金の交付に関する事項を調査審議する審議会その他の合議制の機関）の意見を聴いて行わなければならない。

（報告）

第十四条　文部科学大臣及び教育委員会は、社会教育関係団体に対し、指導資料の作製及び調査研究のために必要な報告を求めることができる。

第四章　社会教育委員

（社会教育委員の設置）

第十五条　都道府県及び市町村に社会教育委員を置くことができる。

2　社会教育委員は、教育委員会が委嘱する。

第十六条　削除

（社会教育委員の職務）

第十七条　社会教育委員は、社会教育に関し教育委員会に助言するため、次の職務を行う。

一　社会教育に関する諸計画を立案すること。

二　定時又は臨時に会議を開き、教育委員会の諮問に応じ、これに対して、意見を述べること。

三　前二号の職務を行うために必要な研究調査を行うこと。

2　社会教育委員は、教育委員会の会議に出席して社会教育に関し意見を述べることができる。

3　市町村の社会教育委員は、当該市町村の教育委員会から委嘱を受けた青少年教育に関する特定の事項について、社会教育関係団体、社会教育指導者その他関係者に対し、助言と指導を与えることができる。

（社会教育委員の委嘱の基準等）

第十八条　社会教育委員の委嘱の基準、定数及び任期その他社会教育委員に関し必要な事項は、当該地方公共団体の条例で定める。この場合において、社会教育委員の委嘱の基準については、文部科学省令で定める基準を参酌するものとする。

第十九条　削除

第五章　公民館

（目的）

第二十条　公民館は、市町村その他一定区域内の住民のために、実際生活に即する教育、学術及び文化に関する各種の事業を行い、もつて住民の教養の向上、健康の増進、情操の純化を図り、生活文化の振興、社会福祉の増進に寄与することを目的とする。

（公民館の設置者）

第二十一条　公民館は、市町村が設置する。

2　前項の場合を除くほか、公民館は、公民館の設置を目的とする一般社団法人又は一般財団法人

(以下この章において「法人」という。)でなければ設置することができない。

3　公民館の事業の運営上必要があるときは、公民館に分館を設けることができる。

(公民館の事業)

第二十二条　公民館は、第二十条の目的達成のために、おおむね、左の事業を行う。但し、この法律及び他の法令によつて禁じられたものは、この限りでない。

一　定期講座を開設すること。

二　討論会、講習会、講演会、実習会、展示会等を開催すること。

三　図書、記録、模型、資料等を備え、その利用を図ること。

四　体育、レクリエーション等に関する集会を開催すること。

五　各種の団体、機関等の連絡を図ること。

六　その施設を住民の集会その他の公共的利用に供すること。

(公民館の運営方針)

第二十三条　公民館は、次の行為を行つてはならない。

一　もつぱら営利を目的として事業を行い、特定の営利事業に公民館の名称を利用させその他営利事業を援助すること。

二　特定の政党の利害に関する事業を行い、又は公私の選挙に関し、特定の候補者を支持すること。

2　市町村の設置する公民館は、特定の宗教を支持し、又は特定の教派、宗派若しくは教団を支援してはならない。

(公民館の基準)

第二十三条の二　文部科学大臣は、公民館の健全な発達を図るために、公民館の設置及び運営上必要な基準を定めるものとする。

2　文部科学大臣及び都道府県の教育委員会は、市町村の設置する公民館が前項の基準に従つて設置され及び運営されるように、当該市町村に対し、指導、助言その他の援助に努めるものとする。

(公民館の設置)

第二十四条　市町村が公民館を設置しようとするときは、条例で、公民館の設置及び管理に関する事項を定めなければならない。
第二十五条　削除
第二十六条　削除
（公民館の職員）
第二十七条　公民館に館長を置き、主事その他必要な職員を置くことができる。
2　館長は、公民館の行う各種の事業の企画実施その他必要な事務を行い、所属職員を監督する。
3　主事は、館長の命を受け、公民館の事業の実施にあたる。
第二十八条　市町村の設置する公民館の館長、主事その他必要な職員は、当該市町村の教育委員会（特定地方公共団体である市町村の長がその設置、管理及び廃止に関する事務を管理し、及び執行することとされた公民館（第三十条第一項及び第四十条第一項において「特定公民館」という。）の館長、主事その他必要な職員にあつては、当該市町村の長）が任命する。
（公民館の職員の研修）
第二十八条の二　第九条の六の規定は、公民館の職員の研修について準用する。
（公民館運営審議会）
第二十九条　公民館に公民館運営審議会を置くことができる。
2　公民館運営審議会は、館長の諮問に応じ、公民館における各種の事業の企画実施につき調査審議するものとする。
第三十条　市町村の設置する公民館にあつては、公民館運営審議会の委員は、当該市町村の教育委員会（特定公民館に置く公民館運営審議会の委員にあつては、当該市町村の長）が委嘱する。
2　前項の公民館運営審議会の委員の委嘱の基準、定数及び任期その他当該公民館運営審議会に関し必要な事項は、当該市町村の条例で定める。この場合において、委員の委嘱の基準については、文部科学省令で定める基準を参酌するものとする。
第三十一条　法人の設置する公民館に公民館運営審議会を置く場合にあつては、その委員は、当該法人の役員をもつて充てるものとする。

（運営の状況に関する評価等）

第三十二条　公民館は、当該公民館の運営の状況について評価を行うとともに、その結果に基づき公民館の運営の改善を図るため必要な措置を講ずるよう努めなければならない。

（運営の状況に関する情報の提供）

第三十二条の二　公民館は、当該公民館の事業に関する地域住民その他の関係者の理解を深めるとともに、これらの者との連携及び協力の推進に資するため、当該公民館の運営の状況に関する情報を積極的に提供するよう努めなければならない。

（基金）

第三十三条　公民館を設置する市町村にあつては、公民館の維持運営のために、地方自治法（昭和二十二年法律第六十七号）第二百四十一条の基金を設けることができる。

（特別会計）

第三十四条　公民館を設置する市町村にあつては、公民館の維持運営のために、特別会計を設けることができる。

（公民館の補助）

第三十五条　国は、公民館を設置する市町村に対し、予算の範囲内において、公民館の施設、設備に要する経費その他必要な経費の一部を補助することができる。

2　前項の補助金の交付に関し必要な事項は、政令で定める。

第三十六条　削除

第三十七条　都道府県が地方自治法第二百三十二条の二の規定により、公民館の運営に要する経費を補助する場合において、文部科学大臣は、政令の定めるところにより、その補助金の額、補助の比率、補助の方法その他必要な事項につき報告を求めることができる。

第三十八条　国庫の補助を受けた市町村は、左に掲げる場合においては、その受けた補助金を国庫に返還しなければならない。

一　公民館がこの法律若しくはこの法律に基く命令又はこれらに基いてした処分に違反したとき。

二　公民館がその事業の全部若しくは一部を廃止し、又は第二十条に掲げる目的以外の用途に利用されるようになつたとき。

三　補助金交付の条件に違反したとき。

四　虚偽の方法で補助金の交付を受けたとき。

（法人の設置する公民館の指導）

第三十九条　文部科学大臣及び都道府県の教育委員会は、法人の設置する公民館の運営その他に関し、その求めに応じて、必要な指導及び助言を与えることができる。

（公民館の事業又は行為の停止）

第四十条　公民館が第二十三条の規定に違反する行為を行つたときは、市町村の設置する公民館にあつては当該市町村の教育委員会（特定公民館にあつては、当該市町村の長）、法人の設置する公民館にあつては都道府県の教育委員会は、その事業又は行為の停止を命ずることができる。

2　前項の規定による法人の設置する公民館の事業又は行為の停止命令に関し必要な事項は、都道府県の条例で定めることができる。

（罰則）

第四十一条　前条第一項の規定による公民館の事業又は行為の停止命令に違反する行為をした者は、一年以下の懲役若しくは禁錮（こ）又は三万円以下の罰金に処する。

（公民館類似施設）

第四十二条　公民館に類似する施設は、何人もこれを設置することができる。

2　前項の施設の運営その他に関しては、第三十九条の規定を準用する。

第六章　学校施設の利用

（適用範囲）

第四十三条　社会教育のためにする国立学校（学校教育法第一条に規定する学校（以下この条において「第一条学校」という。）及び就学前の子どもに関する教育、保育等の総合的な提供の推進に関する法律第二条第七項に規定する幼保連携型認定こども園（以下「幼保連携型認定こども園」という。）であつて国（国立大学法人法（平成十五年法律第百十二号）第二条第一項に規定する国立大学法人（次条第二項において「国立大学法人」という。）及び独立行政法人国立高等専門学校機構を含む。）が設置するものをいう。以下同じ。）又は公立学校（第一条学校及び幼保連携型認定こども園であつて地方公共団体（地方独立行政法人法（平成十五年法律第百十八号）第六十八条第一項に規定する公立大学法人（次条第二項及び第四十八条第一項において「公立大学法人」という。）を含む。）が設置するものをいう。以下同じ。）の施設の利用に関しては、この章の定めるところによる。

（学校施設の利用）

第四十四条　学校（国立学校又は公立学校をいう。以下この章において同じ。）の管理機関は、学校教育上支障がないと認める限り、その管理する学校の施設を社会教育のために利用に供するように努めなければならない。

2　前項において「学校の管理機関」とは、国立学校にあつては設置者である国立大学法人の学長又は独立行政法人国立高等専門学校機構の理事長、公立学校のうち、大学及び幼保連携型認定こども園にあつては設置者である地方公共団体の長又は公立大学法人の理事長、大学及び幼保連携型認定こども園にあつては設置者であるこども園以外の公立学校にあつては設置者である地方公共団体に設置されている教育委員会又は公立大学法人の理事長をいう。

（学校施設利用の許可）

第四十五条　社会教育のために学校の施設を利用しようとする者は、当該学校の管理機関の許可を受けなければならない。

2　前項の規定により、学校の管理機関が学校施設の利用を許可しようとするときは、あらかじめ、学校の長の意見を聞かなければならない。

第四十六条　国又は地方公共団体が社会教育のために、学校の施設を利用しようとするときは、前条の規定にかかわらず、当該学校の管理機関と協議するものとする。

第四十七条　第四十五条の規定による学校施設の利用が一時的である場合には、学校の管理機関は、同条第一項の許可に関する権限を学校の長に委任することができる。

2　前項の権限の委任その他学校施設の利用に関し必要な事項は、学校の管理機関が定める。

（社会教育の講座）

第四十八条　文部科学大臣は国立学校に対し、地方公共団体の長は当該地方公共団体が設置する大学若しくは幼保連携型認定こども園又は当該地方公共団体が設立する公立大学法人が設置する公立学校に対し、地方公共団体に設置されている教育委員会は当該地方公共団体が設置する大学及び幼保連携型認定こども園以外の公立学校に対し、その教育組織及び学校の施設の状況に応じ、文化講座、専門講座、夏期講座、社会学級講座等学校施設の利用による社会教育のための講座の開設を求めることができる。

2　文化講座は、成人の一般的教養に関し、専門講座は、成人の専門的学術知識に関し、夏期講座は、夏期休暇中、成人の一般的教養又は専門的学術知識に関し、それぞれ大学、高等専門学校又は高等学校において開設する。

3　社会学級講座は、成人の一般的教養に関し、小学校、中学校又は義務教育学校において開設する。

4　第一項の規定する講座を担当する講師の報酬その他必要な経費は、予算の範囲内において、国又は地方公共団体が負担する。

第七章　通信教育

（適用範囲）

第四十九条　学校教育法第五十四条、第七十条第一項、第八十二条及び第八十四条の規定により行うものを除き、通信による教育に関しては、この章の定めるところによる。

（通信教育の定義）

第五十条　この法律において「通信教育」とは、通信の方法により一定の教育計画の下に、教材、補助教材等を受講者に送付し、これに基き、設問解答、添削指導、質疑応答等を行う教育をいう。

2　通信教育を行う者は、その計画実現のために、必要な指導者を置かなければならない。

（通信教育の認定）

第五十一条　文部科学大臣は、学校又は一般社団法人若しくは一般財団法人の行う通信教育で社会教育上奨励すべきものについて、通信教育の認定（以下「認定」という。）を与えることができる。

2　認定を受けようとする者は、文部科学大臣の定めるところにより、文部科学大臣に申請しなければならない。

3　文部科学大臣が、第一項の規定により、認定を与えようとするときは、あらかじめ、第十三条の政令で定める審議会等に諮問しなければならない。

（認定手数料）

第五十二条　文部科学大臣は、認定を申請する者から実費の範囲内において文部科学省令で定める額の手数料を徴収することができる。ただし、国立学校又は公立学校が行う通信教育に関しては、この限りでない。

第五十三条　削除

（郵便料金の特別取扱）

第五十四条　認定を受けた通信教育に要する郵便料金については、郵便法（昭和二十二年法律第百六十五号）の定めるところにより、特別の取扱を受けるものとする。

（通信教育の廃止）

第五十五条　認定を受けた通信教育を廃止しようとするとき、又はその条件を変更しようとするときは、文部科学大臣の定めるところにより、その許可を受けなければならない。

2　前項の許可に関しては、第五十一条第三項の規定を準用する。

（報告及び措置）

第五十六条　文部科学大臣は、認定を受けた者に対し、必要な報告を求め、又は必要な措置を命ずることができる。

（認定の取消）

第五十七条　認定を受けた者がこの法律若しくはこの法律に基く命令又はこれらに基いてした処分に違反したときは、文部科学大臣は、認定を取り消すことができる。

2　前項の認定の取消に関しては、第五十一条第三項の規定を準用する。

附　則（略）

公民館の設置及び運営に関する基準（文部科学省告示第百十二号）

社会教育法（昭和二十四年法律第二百七号）第二十三条の二第一項の規定に基づき、公民館の設置及び運営に関する基準（昭和三十四年文部省告示第九十八号）の全部を次のように改正する。

平成十五年六月六日

文部科学大臣　遠山敦子

（趣旨）

第一条　この基準は、社会教育法（昭和二十四年法律第二百七号）第二十三条の二第一項の規定に基づく公民館の設置及び運営上必要な基準であり、公民館の健全な発達を図ることを目的とする。

2　公民館及びその設置者は、この基準に基づき、公民館の水準の維持及び向上に努めるものとする。

（対象区域）

第二条　公民館を設置する市（特別区を含む。以下同じ。）町村は、公民館活動の効果を高めるため、人口密度、地形、交通条件、日常生活圏、社会教育関係団体の活動状況等を勘案して、当該市町村の区域内において、公民館の事業の主たる対象となる区域（第六条第二項において「対象区域」という。）を定めるものとする。

（地域の学習拠点としての機能の発揮）

第三条　公民館は、講座の開設、講習会の開催等を自ら行うとともに、必要に応じて学校、社会教育施設、社会教育関係団体、ＮＰＯ（特定非営利活動促進法（平成十年法律第七号）第二条第二項に規定する特定非営利活動法人をいう。）その他の民間団体、関係行政機関等と共同してこれらを行う等の方法により、多様な学習機会の提供に努めるものとする。

2　公民館は、地域住民の学習活動に資するよう、インターネットその他の高度情報通信ネットワークの活用等の方法により、学習情報の提供の充実に努めるものとする。

（地域の家庭教育支援拠点としての機能の発揮）

第四条　公民館は、家庭教育に関する学習機会及び学習情報の提供、相談及び助言の実施、交流機会の提供等の方法により、家庭教育への支援の充実に努めるものとする。

（奉仕活動・体験活動の推進）

第五条　公民館は、ボランティアの養成のための研修会を開催する等の方法により、奉仕活動・体験活動に関する学習機会及び学習情報の提供の充実に努めるものとする。

（学校、家庭及び地域社会との連携等）

第六条　公民館は、事業を実施するに当たっては、関係機関及び関係団体との緊密な連絡、協力等の方法により、学校、家庭及び地域社会との連携の推進に努めるものとする。

2　公民館は、その対象区域内に公民館に類似する施設がある場合には、必要な協力及び支援に努めるものとする。

3　公民館は、その実施する事業への青少年、高齢者、障害者、乳幼児の保護者等の参加を促進するよう努めるものとする。

4　公民館は、その実施する事業において、地域住民等の学習の成果並びに知識及び技能を生かすことができるよう努めるものとする。

（地域の実情を踏まえた運営）

第七条　公民館の設置者は、社会教育法第二十九条第一項に規定する公民館運営審議会を置く等の方法により、地域の実情に応じ、地域住民の意向を適切に反映した公民館の運営がなされるよう努めるものとする。

2　公民館は、開館日及び開館時間の設定に当たっては、地域の実情を勘案し、夜間開館の実施等の方法により、地域住民の利用の便宜を図るよう努めるものとする。

（職員）

第八条　公民館に館長を置き、公民館の規模及び活動状況に応じて主事その他必要な職員を置くよう努めるものとする。

2　公民館の館長及び主事には、社会教育に関する識見と経験を有し、かつ公民館の事業に関する専門的な知識及び技術を有する者をもって充てるよう努めるものとする。

3　公民館の設置者は、館長、主事その他職員の資質及び能力の向上を図るため、研修の機会の充実に努めるものとする。

（施設及び設備）

第九条　公民館は、その目的を達成するため、地域の実情に応じて、必要な施設及び設備を備えるものとする。

2　公民館は、青少年、高齢者、障害者、乳幼児の保護者等の利用の促進を図るため必要な施設及び設備を備えるよう努めるものとする。

（事業の自己評価等）

第十条　公民館は、事業の水準の向上を図り、当該公民館の目的を達成するため、各年度の事業の状況について、公民館運営審議会等の協力を得つつ、自ら点検及び評価を行い、その結果を地域住民に対して公表するよう努めるものとする。

附則　この告示は、公布の日から施行する。

学習権宣言（一九八五年三月二九日、第四回ユネスコ国際成人教育会議）

学習権を承認するか否かは、人類にとって、これまでにもまして重要な課題となっている。

学習権とは、

読み書きの権利であり、

問い続け、深く考える権利であり、

想像し、創造する権利であり、

自分自身の世界を読み取り、歴史をつづる権利であり、

あらゆる教育の手だてを得る権利であり、

個人的・集団的力量を発達させる権利である。

成人教育パリ会議は、この権利の重要性を再確認する。

学習権は未来のためにとっておかれる文化的ぜいたく品ではない。それは、生存の欲求が満たされたあとに行使されるようなものではない。学習権は、人間の生存にとって不可欠な手段である。もし、世界の人々が、食糧の生産やその他の基本的人間の欲求が満たされることを望むならば、世界の人々は学習権をもたなければならない。

もし、女性も男性も、より健康な生活を営もうとするなら、彼らは学習権をもたなければならない。

もし、わたしたちが戦争を避けようとするなら、平和に生きることを学び、お互いに理解し合うことを学ばねばならない。

〝学習〟こそはキーワードである。

学習権なくしては、人間的発達はありえない。

学習権なくしては、農業や工業の躍進も地域の健康の増進もなく、そして、さらに学習条件の改善もないであろう。

この権利なしには、都市や農村で働く人たちの生活水準の向上もないであろう。

端的にいえば、このように学習権を理解することは、今日の人類にとって決定的に重要な諸問題を解決するために、わたしたちがなしうる最善の貢献の一つなのである。

しかし、学習権はたんなる経済発展の手段ではない。それは基本的権利の一つとしてとらえられなければならない。学習活動はあらゆる教育活動の中心に位置づけられ、人々を、なりゆきまかせの客体から、自らの歴史をつくる主体にかえていくものである。

それは基本的人権の一つであり、その正当性は普遍的である。学習権は、人類の一部のものに限定されてはならない。すなわち、男性や工業国や有産階級や、学校教育を受けられる幸運な若者たちだけの、排他的特権であってはならない。

本パリ会議は、すべての国に対し、この権利を具体化し、すべての人々が効果的にそれを行使するのに必要な条件をつくるように要望する。そのためには、あらゆる人的・物的資源がととのえられ、教育制度がより公正な方向で再検討され、さらにさまざまな地域で成果をあげている手段や方法が参考となろう。

わたしたちは、政府・非政府双方のあらゆる組織が、国連、ユネスコ、その他の専門機関と協力して、世界的にこの権利を実現する活動をすすめることを切望する。

エルノシア、モントリオール、東京、パリと続いたユネスコ会議で、成人教育会議の大きな前進が記されたにもかかわらず、一方には問題の規模の大きさと複雑さがあり、他方には適切な解決法を見い出す個人やグループの力量の問題があり、そのギャップはせばめられてはいない。

一九八五年三月、ユネスコ本部で開かれた第四回国際成人教育会議は、現代の問題のスケールの大きさにもかかわらず、いやそれだからこそ、これまでの会議でおこなわれたアピールを繰り返しのべて、あらゆる国につぎのことを要請する。すべての国は、成人教育の活動においても、サービスにおいてもたしかな発展をとげるために、大胆で想像力にみちた努力をおこなうべきである。そのことによって、女性も男性も、個人としても集団としても、その目的や条件や実施上の手順を自分たちできめることができるようなタイプの成人教育を発展させるのに必要な、教育的・文化的・科学的・技術的蓄積を、わがものとなしうるのである。

この会議は、女性と婦人団体が貢献してきた人間関係における新しい方向づけとそのエネルギーに注目し、賛意を表明する。その独自の経験と方法は、平和や男女間の平等のような人類の未来にかかわる基本的問題を解決するための中心的位置を占めるものである。したがって、より人間的な社会をもたらす計画のなかでの成人教育の発展に女性が参加することは、ぜひとも必要なことである。

人類の将来がどうなるか、それは誰がきめるのか。これはすべての政府・非政府組織、個人、グループが直面している問題である。これはまた、成人の教育活動に従事している人々が、そしてすべての人間が個人として、集団として、さらに人類全体として、自らの運命を自ら統御することができるようにと努力している人々が、直面している問題でもある。

(国民教育研究所訳)

初出一覧

Ⅰ　文部科学省組織再編と第九次地方分権一括法

第1章「社会教育行政をめぐる歴史と課題─文部科学省生涯学習政策局・社会教育課『廃止』を問う─」『月刊社会教育』二〇一八年一月号、国土社

第2章「文部科学省の組織再編案と公立社会教育施設の所管問題」『みんなの図書館』二〇一八年一〇月号、教育史料出版会

第3章「公立社会教育施設の首長部局移管問題と『第九次地方分権一括法』」『月刊社会教育』二〇一九年四月号、国土社

第4章「人権としての教育権・学習権を保障する社会教育法制の根幹をゆるがす改正案」『月刊社会教育』二〇一九年五月号、国土社

Ⅱ　公民館をめぐる歴史・政策動向と自治体社会教育行政

第5章「『新憲法の精神を日常生活に具現するための恒久的施設』としての公民館」『月刊社会教育』二〇一七年五月号、国土社

第6章「公民館をめぐる政策動向と自治体社会教育行政の課題」長澤成次編著『公民館で学ぶⅤ　いま、伝えたい地域が変わる学びの力』二〇一八年四月一〇日、国土社

第7章「公民館への指定管理者制度導入における問題点と課題─千葉市公民館を事例に─」『日本公民館学会

年報』第一四号、二〇一七年一一月三〇日
第8章「公共施設等の統廃合をめぐる動きと課題」『いのちとくらし　研究所報』第六七号、二〇一九年七月一五日、特定非営利活動法人非営利・協同総合研究所

Ⅲ　人権としての学習権思想の歩みと社会教育法制をめぐる課題

第9章「学習権思想の芽生えと社会教育の戦前的性格」『月刊社会教育』二〇一八年九月号、国土社
第10章「憲法・教育基本法制と社会教育法『改正』をめぐる諸問題」『月刊社会教育』二〇一八年一〇月号、国土社
第11章「戦後日本の社会教育政策の変遷と社会教育をめぐる課題」『月刊社会教育』二〇一八年一二月号、国土社

[著者紹介]

長澤成次（ながさわ・せいじ）

1951年東京都北区に生まれる。1972年東京都立工業高等専門学校卒業後、千葉大学教育学部・名古屋大学大学院教育学研究科博士課程を経て千葉大学教育学部教授（2000年4月～2017年3月）。この間、社会教育推進全国協議会委員長、「月刊社会教育」編集長、千葉大学理事などを歴任。現在、放送大学千葉学習センター所長、千葉大学名誉教授、日本社会教育学会会長、うらやす市民大学学長、市川市社会教育委員、千葉市生涯学習審議会委員など。

著書に『公民館はだれのもの　住民の学びを通して自治を築く公共空間』（自治体研究社、2016年）、『現代生涯学習と社会教育の自由』（学文社、2006年）、編著に『公民館で学ぶ』シリーズ『公民館で学ぶⅤ　いま、伝えたい地域が変わる学びの力』（国土社、2018年）、『公民館で学ぶⅣ　人をつなぎ、暮らしをつむぐ』（国土社、2013年）、『公民館で学ぶⅢ　私たちの暮らしと地域を創る』（国土社、2008年）、『公民館で学ぶⅡ　自治と協同のまちづくり』（国土社、2003年）、『公民館で学ぶ　自分づくりとまちづくり』（国土社、1998年）、共著に「社会教育・生涯学習の政策と行財政・制度」（社会教育推進全国協議会編『社会教育・生涯学習ハンドブック　第9版』エイデル研究所、2017年）、「生涯学習政策の矛盾と社会教育運動の展開」「90年代後半から2010年代における社全協運動」（千野陽一監修、社会教育推進全国協議会編『現代日本の社会教育　社会教育運動の展開　増補版』エイデル研究所、2015年）、「教育基本法第12条（社会教育）」「社会教育法概説」「社会教育法第5章公民館」「社会教育法第7章通信教育」（荒牧重人・小川正人・窪田眞二・西原博史編『別冊法学セミナー　新基本法コンメンタール　教育関係法』237号、日本評論社、2015年）などがある。

公民館はだれのもの　Ⅱ
——住民の生涯にわたる学習権保障を求めて

2019年8月31日　初版第1刷発行

著　者　長澤成次

発行者　長平　弘

発行所　㈱自治体研究社
〒162-8512 新宿区矢来町123　矢来ビル4F
TEL：03·3235·5941／FAX：03·3235·5933
http://www.jichiken.jp/
E-Mail：info@jichiken.jp

ISBN978-4-88037-701-8 C0036

印刷・製本／中央精版印刷株式会社
DTP／赤塚　修